한국의 민주주의

공고화를 넘어 심화로

한국의 민주주의: 공고화를 넘어 심화로

인 쇄 | 2012년 6월 26일
발 행 | 2012년 6월 30일

공저자 | 박경미 · 손병권 · 임성학 · 전진영
발행인 | 부성옥
발행처 | 도서출판 오름
등록번호 | 제2-1548호 (1993. 5. 11)

주   소 | 서울특별시 서초구 서초동 1420-6
전   화 | (02)585-9122, 9123   팩 스 | (02)584-7952
E-mail | oruem@oruem.co.kr
URL | http://www.oruem.co.kr

ISBN 978-89-7778-378-2   93340

※잘못된 책은 교환해 드립니다.
※값은 뒤표지에 있습니다.

이 도서의 국립중앙도서관 출판시도서목록(CIP)은 e−CIP홈페이지(http://www.nl.go.kr/ecip)와
국가자료공동목록시스템(http://www.nl.go.kr/kolisnet)에서 이용하실 수 있습니다.
(CIP제어번호: CIP2012002950)

한국의 민주주의

공고화를 넘어 심화로

박경미 · 손병권 · 임성학 · 전진영 공저

Democratic Deepening in Korea

Institutional Development and Challenges

Kyungmee Park
Byoung Kwon Sohn
Sunghack Lim
Jin Young Jeon

ORUEM Publishing House
Seoul, Korea
2012

머리말

우리 사회가 민주주의 정치제도를 도입한 지 60년이 훌쩍 넘었다. 1948년 제헌국회 선거를 시작으로 하여 17차례의 대통령 선거, 19차례의 총선, 그리고 방식은 조금씩 차이가 있지만 16차례의 지방선거를 치르는 동안 수많은 정치제도가 만들어졌고, 또 바뀌었다. 우리 사회의 민주주의 발전을 위해서 과거의 낡고 좋지 않은 정치제도는 폐기하고 다른 것으로 대체하여야 한다는 요구와 비판이 늘 있었고 그 결과가 잦은 정치제도 개혁이었다. 식상할 법도 한 정치제도 개혁이 반복되는 것은, 유난히도 급격하고 다양한 사회변동을 경험하였던 우리 사회에서 시대 상황과 요구에 부합하는 정치제도를 그때그때마다 새로이 도입하거나 수정하는 것이 불가피하였기 때문일 것이다.

이를 반영하듯이, 2012년 임진년 새해도 정치제도에 대한 비판과 개혁의 요구로 시작되었다. 올해 들어 정치제도 개혁에 대해 유난히 관심이 높은 이유는 무엇보다도 20년 만에 대선과 총선을 동시에 치르는 해가 돌아왔기 때문이기도 하지만, 보다 근본적으로는 현재의 정치제도로는 우리 민주주의가 더 발전하기 어렵다는 인식의 공유에서 비롯된 것으로 보인다.

정치제도 자체의 안정성과 이에 대한 신뢰는 있지만, 현재의 정치제도를 통해 발현되는 정치적 결과들은 더 이상 우리 사회의 요구를 반영하지 못하고 있다는 것이 여론의 거대한 흐름이다. 정치제도가 아닌 소셜 네트워크를 통해서 유권자들의 불만과 여론이 형성되는 것을 보면서 이를 일시적 현상이라고 간단히 치부할 수만은 없을 것 같다. 오히려 이러한 현상은 기존 정치제도에 대한 근본적인 문제제기로 보아야 할 것이다.

이와 같은 문제들은 1987년 민주화 이후 우리의 민주주의를 되돌아보게 한다. 더 이상 권위주의로의 퇴행이 없는 대통령제가 지속되는 가운데 입법과정의 민주화 속에서 국회는 의제를 주도적으로 설정하며, 실질적 정당경쟁이 이루어지는 선거 민주주의가 성공적으로 제도화되었다.

이러한 괄목할 만한 성과에도 불구하고 대통령의 비대한 권한 및 정치과정의 대통령화 현상은 대통령제 본연의 의미를 퇴색시키고, 반복적인 의사파행과 파국적 정당 대립은 국회가 이루어 낸 성과들을 무용지물로 만들고 있다. 이러한 정치적 현상들 속에서 정당과 선거가 우리 사회가 원하는 정치적 성과를 만들어 내지 못하고 있어서 정치제도에 대한 불신이 배가되고 있다.

민주화 이후 25년이 지난 현 시점에 우리 민주주의는 어디쯤 와 있는 것인가? 정치제도의 안정적 운영이 우리 민주주의가 발전하였다는 사실을 말하는 것이 아니라면 이제 우리는 무엇을 고민하여야 하는가? 권위주의로의 퇴행 차단과 절차적 안정성을 특징으로 하는 민주주의 공고화가 이루어졌다면, 한 걸음 더 나아가 민주주의 심화를 달성하기 위해서 정치제도는 어떻게 설계되고 이행되어야 하는가? 이제 우리는 민주주의의 공고화를 넘어서서 민주주의의 심화를 위해 현재의 정치제도에 대한 진단과 개혁에 집중해야 하는 과제를 안게 되었다.

이러한 문제의식을 공유하는 4명의 필자들이 공동으로 작업한 이 책은 2009년 선진사회연구원의 지원을 받은 연구과제 〈한국 민주주의의 새로운 패러다임 창출: 한국 민주주의의 현황 정의와 민주주의 심화의 문제〉로부터 시작되었다. 최종원고를 쓰기까지 수차례의 세미나와 토론, 그리고 원고 작성과 논의를 거쳤지만 급물살을 타고 있는 정치개혁 담론들을 이 책에 모두 담을 수 없어 많은 아쉬움이 남는다.

계절을 거치면서 더 성장하는 한 그루의 나무처럼, 세 번의 여름과 겨울을 거친 이 책은 그만큼 단단해졌으리라 믿으며, 이 책에 담지 못한 논의와 한계에 대해서는 다음 기회를 기약하고자 한다. 끝으로 이 책의 완성을 보게끔 지원해 주신 오름출판사의 부성옥 대표와 최선숙 부장에게 감사의 마음을 전한다.

2012년 5월 저자 일동

2부 한국 민주주의 심화의 과제

▍표 차례 ────────────────────────────────

▍그림 차례 ────────────────────────────────

I. 한국 민주주의의 발전을 위한 민주주의 심화

1. 한국정치의 발전 과제: 공고화 이후의 민주주의 심화

이 책은 현재 한국 민주주의의 과제는 '민주주의 공고화(democratic consolidation)'의 '완성'이 아니라 '민주주의 심화(democratic deepening)'의 '과정'을 지속적으로 추진하는 것이라고 파악하고, 이러한 관점에서 한국 민주주의의 문제점을 논의하고 이에 대한 처방을 제시하기 위해서 집필되었다. 이 책의 저자들은 한국 민주주의의 심화 과정에서 반드시 해결해야 할 과제가 여러 분야에 산적해 있다는 문제의식을 바탕으로, 대통령, 국회, 정당, 선거의 네 가지 영역에서 한국 민주주의 심화를 저해하는 요인을 지적하고 이러한 문제점에 대한 해결책을 제시하고자 하였다.

1987년 국민의 염원을 담은 대통령 직선제 개헌을 통해서 민주화가 이루어진 이후 한국은 5차례의 대통령 선거와 6차례의 국회의원 선거를 무사히 치러냈다. 뿐만 아니라 보수에서 진보로, 그리고 다시 진보에서 보수로 청와대의 주인이 바뀌는 정권교체도 경험하였다. 이러한 모든 과정이 잡음과 시비 없이 이루어진 것은 아니었다. 선거과정이 때로는 정파 간 갈등이나 여론의 극심한 분열상 속에 진행된 것도 사실이었고, 선거운동이 지나치게 과열되어 국민들의 우려를 낳은 것도 부정할 수는 없다. 그러나 선거 이후 선거결과를 무효화하거나 이를 거스르기 위한 조직적인 저항이나 이를 막기위해 국가적 강제력이 동원되지는 않았다. 국민은 국회의원 선거나 재·보궐 선거, 그리고 지방선거 등을 통해서 대통령 혹은 국회의 여당을 견제하는 등 새로 등장한 권력에 대해서 비판을 서슴지 않았지만, 좋아하든 좋아하지 않든지 간에 국민의 지지를 얻어 선출된 대통령과 국회를 적어도 주어진 임기 동안만은 인정했다. 1987년 이후 노무현 대통령 탄핵시도, 이명박 대통령에 대한 촛불시위의 저항 등이 있었으나, 민주화 이후의 라틴 아메리카 제국(諸國) 등에서 빈번하게 목격되었던 쿠데타 등 비정상적인 방법을 동원해서 헌정질서를 중단시키려는 시도는 없었다.

선거를 통해서만 정치권력이 획득되고, 행사되며, 전승된다는 광범위한 대중의 믿음이 확고해졌을 경우 민주주의가 공고화된다는 의미에서(Linz 1990; Valenzuela 1992) 한국의 민주주의는 분명히 '공고화'를 '완성'시켰다. 한국 국민의 절대 다수는 선거 이외의 방법을 통해서 권력이 창출되거나 전승되어서는 안 된다는 인식을 분명히 하고 있다는 점은 재론의 여지가 없다. 촛불시위 등에서 볼 수 있는 바와 같이 직접 민주주의에 대한 열망은 열망대로 존재하지만, 국민은 과열된 참여로 인한 법질서의 위반이나 폭력사태의 등장은 거부하고 있다. 선출된 권력이 아닌 군부 혹은 대기업 등 특정 집단이나 세력이 조직적으로 정치과정에 개입하고 선출된 권력을 통제하는 것을 국민과 정치 엘리트는 모두 용납하지 않고 있다. 지속되는 경제적 불황으로 인해 국민의 불만이 높고 여야 간의 극심한 정쟁으로 소모적 정치에 대한 비판이 있기는 하지만, 어느 누구도 이와 같은 정쟁과 불만에 편승하여 과거와 같이 군부가 정치에 다시 개입할 수 있으리라는 가능성을 상상하지 않는다.

이와 같이 한국의 민주주의가 공고화되었다는 사실은 제도적 차원에서 민주주의가 단순히 '실행'되고 있다는 점과는 질적으로 다른 사실을 지칭하는 것이다. 즉 민주주의의 공고화는 선거 이외의 방법으로 권력이 행사될 수 없다는 인식이 정착되고 관행화되어 '권위주의로의 퇴행(authoritarian relapse)'이 차단된다는 점에서 민주주의의 제도적 '도입(installation)'과는 근본적으로 다른 것이며, 그 자체로 한국 정치발전의 귀중한 성과로 인정될 수 있다. 민주화 혹은 자유화 조치 이후에도 수많은 국가들이 여전히 군부의 쿠데타 시도 혹은 대통령과 의회 간의 극심한 갈등으로 권위주의로의 퇴행을 경험하였거나 그러한 위협에 처한 경험이 있음을 볼 때, 1987년 이후 한국의 민주주의가 공고화를 완성해 왔다는 사실은 높이 평가받아 마땅하다.

선거에 의한 권력의 교체와 이에 대한 확고한 신념의 확립과 실행 이후에도, 그리고 권위주의로의 퇴행을 상상하기 어려운 정치적 발전이 이루어져 온 후에도 한국 민주주의가 질적인 성장을 위해서 해결해야 할 문제, 즉 민주주의 심화의 과제는 매우 많다. 예컨대 국민이 직접 대통령을 선출하지만 한국의 대통령제는 여전히 대통령에게 지나치게 권력이 집중되어 있고 국회의 기능이 상대적으로 위축되어 있다는 사실을 지적할 수 있을 것이다. 또한 국회는 입법과정의 파행과 행정부에 대한 취약한 견제기능으로 인해 자율성과 정책능력이 제한적이라는 문제점도 빈번히 지적되고 있다. 한편 정당은 권위주의 시절부터 이어 내려온 타성으로 인해 정당 제도화를 이루지 못하고 있고, 정당정치에 대한 국민의 신뢰는 상당히 낮은 수준에 머물러 있다. 뿐만 아니라 민주화 이후에도 한국의 선거제도는 그간의 성과에도 불구하고 여전히 대표성과 반응성의 수준이 낮고 선거운동은 지나치게 많은 규제에 묶여 있는 것이 현실이다.

이와 같은 현상들은 공고화 완성 이후의 현상이며 민주주의의 질적 심화를 위한 지속적인 노력의 과정에서 해결해야 할 과제들이다. 또한 이러한 과제들은 '미완의 공고화를 넘어서는 공고화' 혹은 '질적인 공고화' 또 혹은 '사회, 경제적 민주주의의 공고화' 등 공고화의 연장선상에서 이해할 성질의 문제도 아니다. 이러한 문제들을 여전히 민주주의의 공고화의 범주에 담아서 논자의 편의에 따라 질적인 민주주의 공고화, 사회적·경제적 민주주의 공고화 등으로 새롭게 포장하여 사용하는 것은 공고화 개념의 외연을 지나치게 확장하는 문제를 불러일으켜 오히려 공고화 개념의 유용성을 저해한다(Schedler 1998, 105). 지칭하고자 하는 대상의 경계에 대한 불확실성을 최소화함으로써 연구대상을 선명하게 부각시키고, 다른 대상을 지칭하는 개념과 차별화해 주는 데에 학문적 개념의 유용성이 있다고 할 경우, 공고화라는 개념 역시 그러한 방식으로 사용되어야 할 것이다. 선거 민주주의의 확립과 민주주의 퇴행 가능성의 소멸이라는 공고화 개념의 정의에서 볼 때 한국 민주주의 공고화는 이미 도달되었다. 따라서 공고화 이후의 민주주의 제반 현상에 관한 논의는 '심화'의 과정에 관한 논의에서 다루어져야 한다.

2. 민주주의 심화의 이론적 쟁점

가장 넓은 의미에서 민주주의의 심화는 '민주주의 질적 개선'을 총칭한다고 할 수 있다(Barracca 2003; Schedler 1998). '질적 개선'이라는 말이 지칭하듯이 민주주의의 질적 순화는 그 자체로서 경계가 설정될 수 없는 현상이다. 따라서 민주주의의 심화는 항상적 개선을 요구하는 열린 과정(open-ended process)을 지칭하는 개념으로, 선거가 유일한 권력창출 및 교체의 수단이 되고 따라서 권위주의로의 퇴행 가능성이 소멸되는 것을 종착점으로 하는 민주주의 공고화의 개념과는 구별된다. 다시 말해서 포괄적 의미에서 심화는 특정 정치사회가 발전시켜 온 공고화 이후의 민주주의를 보다 질적으로 개선하고 선진화하려는 노력으로 파악될 수 있다.

이와 같이 포괄적으로 정의되는 민주주의 심화는 그럼에도 불구하고 상호 차별화되는 두 개의 지적인 흐름 속에서 논의되어 온 것도 사실이다. 이러한 두 가지 흐름은 선명한 논의를 위해서 다양한 문헌해제를 통해서 임의로 정리하고 명명된 것이지만 반드시 상호 배타적인 것만은 아니다. 이 두 시각 모두 공통적으로 행정부 등 정부기관의 자의적 권력 행사를 막기 위한 시민사회의 역할의 중요성을 강조하고 있다는 점 등에서 공감대를 형성하고 있다. 그러나 이 책의 저자들은 이러한 학계의 흐름을 두 가지로 정리하여 민주주의 심화에 대한 '제도화 강조 시각(제도화 관점)'과 '시민 효능감 강조 시각(효능감 관점)'으로 대별해 보고자 한다.

우선 제도화 관점에서 바라 본 민주주의의 심화는 시민사회를 활성화해야 한다는 주장과 함께 무엇보다도 민주주의의 정치적이며 제도적인 측면에 주목하고 있다. 이 시각은 경제적 평등의 구현, 사회적 차별의 철폐와 같은 비정치적 영역에서의 민주화보다는, 정치적 현상과 관련하여 보다 안정적이고 질적으로 향상된 민주주의를 위한 조건이 무엇일까 하는 점에 논의의 초점을 모으고 있다. 모든 논의가 그런 것은 아니지만 이와 같은 제도화 관점에서의 민주주의 심화는 민주주의 공고화 이후 민주주의의 질적 발전을 위한 제도적 안정성과 정규성(正規性)을 향상시키고자 하는 노력을 수반하고 있다. 공고화를 통해서 달성된 수직적 책임성(vertical accountability)을 넘어서서 정치권력 내에서 수평적 책임성을 제고하고 이를 위한 제도적 메커니즘을 창출한다든지(O'Donnell 1998), 치안, 사법, 선거제도, 입법부-행정부 관계에서의 제도적 개혁을 추진한다든지 (Barracca 2003, 14-20), 법치에 따르는 국가기구와 민주정부에 의해 활용되는 국가관료의 필요성(Linz and Stepan 1996) 등의 논의는 민주주의 공고화 이후 민주주의의 심화를 주로 정치, 제도적 측면에서 파악하는 것이며, 위로부터의 심화 혹은 공급측면의 심화라고 간주될 수 있다.

한편 시민적 효능감 시각에서 본 민주주의의 심화는 제도화 관점에서의 민주주의 심화론과는 달리 고전적 민주주의(classical democracy), 즉 시민의 참여를 특징으로 하는 민주주의가 민주주의의 본질이라는 관점에서 출발하고 있다. 따라서 제도적 시각과 비교해 볼 때 아래로부터의 심화, 혹은 수요측면의 심화라고 할 수 있다. 시민의 적극적 참여를 통한 활성화된 민주주의, 이러한 참여를 제약하는 사회 · 경제 · 문화적 제약요인의 철폐, 이를 통한 시민의 정치적 만족감의 증대 등을 골자로 하는 효능감 시각은 시민사회의 활성화와 시민교육, 그리고 시민의 정치적 참여확대를 통해서 민주주의가 단순히 절차적 민주주의에서 그치는 것이 아니라 심의와 참여와 훈련의 민주주의로 승화되는 것을 목표로 하고 있다.

따라서 효능감의 관점에서 파악된 민주주의의 심화는 일회적인 투표를 통한 정치참여라는 자유주의적 대의민주주의를 슘페터적인 시장형 민주주의(Schumpeterian market version of democracy)라고 비판하면서 '실질적이고 강화된 시민의 참여(substantive and empowered citizen participation)'를 궁극적인 목표로 하고 있다. 이러한 관점에서 민주주의를 위한 노력은 단순히 제도적 디자인을 위한 표준화된 처방에 그치는 것이 아니라, '투쟁과 의견대립의 지속적인 과정(ongoing process of struggle and contestation)'으로 여겨지며(Gaventa 2004, 1-2), 이를 위해서 사회적 균열, 불평등 등의 문제를 해결하여 참여에 장애가 되는 요인을 제거하는 데 집중하고 있다(Heller 2009a and 2009b). 이러한 두 가지 큰 흐름 속에서 한국의 민주주의 심화연구는 어떠한 방식으로 추진되어야 할 것인가? 다음 절에서는 이 문제에 대해서 검토해 보고자 한다.

II. 연구의 방법과 내용

1. 공급 측면의 민주주의 심화와 정치제도

공고화 이후 민주주의의 심화는 민주주의의 질적 향상을 위한 노력을 총괄하고 있다고 잠정적으로 규정할 수 있다. 즉 공고화 개념과는 달리 심화라는 개념은 특정한 목적이 달성되었을 경우 심화의 과정이 완성되었다고 확정할 수 없는, 지속적이며 발전적인 개념이기 때문에 특정 국가의 정치적 상황에서 이러한 심화의 과정을 연구하기 위해 연구의 방향을 제시하고 연구의 영역을 확정하고 그 근거를 제시할 필요가 있다.

민주주의의 질적 향상을 위한 노력은 제도화 관점과 효능감 관점이라는 두 가지 관점에서 대체로 접근이 가능하다는 점은 이미 밝힌 바와 같다. 1987년 민주화 이후 민주주의 공고화를 완성한 한국적 정치상황에서 민주주의의 문제점과 민주주의의 심화의 과제를 다루는 이 연구는 먼저 연구방향 설정에 있어서 주로 정치적 영역에서 제도화 관점을 채택하고 출발하고자 한다. 즉 한국적 정치상황에서 민주주의 심화의 과제를 논의하는 이 연구는 정치적 영역뿐만 아니라 경제, 사회, 문화 등 광범위한 영역에서 '시민으로서의 효능감'을 추구하는 '수요측면의 심화'라는 방향보다는, 민주주의의 발전과정에서 나타난 '정치'적 '제도'의 문제점을 중심으로 하여 논의를 진행하고자 한다. 이에 더하여 정치제도 이외에서 정치 엘리트와 유권자의 '정치'적 '행태'와 '태도'의 문제를 함께 논의하고자 한다.

1987년 민주화 이후 한국정치의 민주주의 발전과정에서 주로 제기된 개혁의 과제는 대통령에게 집중된 권력을 분산하기 위한 다양한 제도적 장치의 강구, 반복되는 대통령 측근의 비리와 부패를 근절하기 위한 방안의 모색, 대통령과 행정부의 자의적 권한 행사에 대한 의회의 견제장치 확충과 국회 내 여야의 갈등해소 방안, 당원의 확보와 원내정당의 도입 등 정당의 제도화와 민주화, 그리고 국민 대표성을 높이기 위한 선거제도의 도입 등에 주로 초점이 맞추어져 있었다고 해도 과언이 아니다.

이러한 노력들은 모두 한국 민주주의의 문제점을 나름대로 진단하고 민주주의의 질적 발전을 위한 고민 가운데 논의된 내용들로서 무엇보다도 '정치'적 영역에서 '제도' 개혁을 도모한다는 공통점을 지니고 있다. 이러한 정치제도 개선의 노력에 더하여 민주주의의 질적 발전을 위해서 국회의원과 일반 국민들에게 반복적으로 요구되었던 내용들—규율과 법의 준수, 관용의 미덕 배양과 신뢰의 정치문화 형성—등은 정치현상과 관련된 행태와 태도의 변화를 촉구하는 것들이었다.

이러한 관점에서 볼 때 한국정치의 민주주의 심화와 관련하여 가장 중요한 과제는 무엇보다도 정치제도의 변화를 모색하는 것이라고 판단되며, 이와 아울러 정치엘리트와 시민의 정치적 행태와 태도의 변화도 수반되어야 할 것으로 보인다. 민주주의 심화와 관련하여 그 주요 과제의 선택에 대한 필요조건은 특정국가에서 민주주의 발전과 관련하여 필요한 영역이라고 전반적으로 인정되어야 한다는 점이라면(Barracca 2003, 14), 한국 민주주의의 경우 정치제도와 관련하여 민주주의 심화의 연구방향을 정하는 것은 어쩌면 지극히 당연한 것으로 보인다.

제도화의 관점에서 민주주의의 연구방향을 설정한 후 민주주의 심화와 관련된 연구 영역의 확정은 이러한 민주주의의 지속적 발전을 위해 제도개혁과 정치엘리트와 국민의 행태 및 태도의 변화를 가장 크게 요청하는 부분에서 발견되어야 한다. 이 글의 저자 4인은 민주주의 심화를 위해서 정치제도 및 정치행위자의 변화가 가장 크게 요청되는 영역이 대체로 대통령제, 의회, 정당, 선거 등 네 가지 영역이라는 점에 의견을 같이 하고, 이러한 영역에서 일차적으로는 제도개혁과 그리고 이에 수반하여 개별적으로 필요한 영역에서 정치적 행위자인 정치엘리트와 국민의 태도 및 행태의 변화를 중심으로 논의를 전개해 나가기로 하였다.

대통령 및 행정부의 예산권과 인사권에 대한 견제문제, 국회의 의사진행과 관련된 민주적이고 효율적인 절차의 도입문제, 정당의 제도화와 민주적인 당내 의사소통 구조의 확립, 비례제의 지속적 확대 등 대표성 제고를 위한 선거제도의 도입 등은 모두 이들 네 가지 영역에서 정치제도의 개혁을 통해서 민주주의의 심화를 모색하여야 할 영역이다. 반면 대통령 측근정치와 가부장적 정치문화로 인한 부패, 국회 내에서 여당과 야당 간 관용과 신뢰의 문화를 조성하는 것, 그리고 유권자의 선거 참여의식의 제고 등은 역시 이들 네 영역에서 정치 엘리트와 일반 국민의 행동과 태도의 변화를 통해서 민주주의의 심화가 도모되어야 할 과제라고 생각된다.

한국 민주주의의 심화와 관련된 이 연구는 무엇보다도 1987년 민주화 이후 한국 민주주의의 질적 발전을 위해서 우선적으로 고려되어야 할 연구방향은 정치제도와 관련된 '공급측면에서의 민주주의'라고 파악하고 있다. 물론 이러한 연구방향의 설정이 '수요측면의 민주주의,' 즉 비단 정치적 영역뿐만 아니라 사회, 경제, 문화 등 제

반영역에서 포괄적인 동시에 종합적으로 진행되어야 할 '시민적 효능감'의 제고라는 중요한 과제를 무시하는 것은 결코 아니다. 이 책이 정치제도에 주목하고 정치적 태도와 행태에 관심을 갖는 이유는 무엇보다도 민주화 이후 한국 민주주의의 주요한 과제들이 주로 정치제도의 개혁과 관련되어 논의되었기 때문이며, 지금도 여전히 정치제도의 개혁 및 이를 위한 정치적 행위자의 태도와 행태의 변화가 매우 중요하다고 판단되기 때문이다. 그리고 한국 민주주의의 심화를 위한 제도, 행태, 태도의 개혁과제는 무엇보다도 대통령, 국회, 정당, 그리고 선거를 중심으로 지속적으로 논의되고 있다는 점도 부정할 수 없는 사실이다. 이상의 내용을 간단히 도표로 제시하면 다음과 같이 정리될 수 있을 것이다.

〈그림 1〉 공급 측면의 민주주의 심화 영역

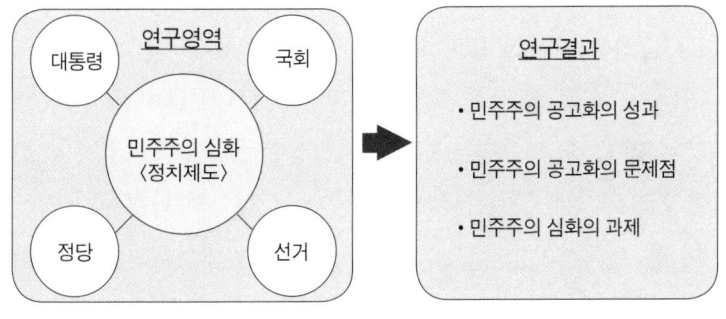

2. 연구의 구성

정치과정 분야에 종사하는 4명의 전문 연구자들에 의해서 공동으로 집필된 이 책은 '서장,' 제1부 '한국 민주주의 공고화의 성과와 문제점,' 제2부 '한국 민주주의 심화의 과제,' 그리고 마지막으로 '종장'으로 구성되어 있다. 서장은 한국 민주주의의 향후 과제가 민주주의 공고화의 문제가 아니라 민주주의 심화의 과제라는 관점에서 공고화와 심화의 개념을 차별화하여 설명한 후, 학문적 개념의 유용성을 위해서 공고화라는 개념의 외연이 지나치게 확대되어서는 안 된다는 점을 강조하였다. 이어서 민주주의 심화론의 흐름을 정리한 후 이 글의 연구방법에 관해서 간단히 소개하였다.

　제1부가 시작되는 제1장에서는 1987년 한국 민주화 이후 공고화 과정을 거치면서 한국 민주주의가 성취해 놓은 긍정적인 성과를 대통령제, 국회, 정당, 선거의 네 영역에서 간략하게 개관하였다. 1987년 민주화 이후 공고화 과정을 거치면서 한국 민주주의가 노정한 여러 가지 문제점을 파악하고 이에 대한 처방을 제시하여 심화의 과정을 촉진하려는 노력을 경주하기에 앞서, 과거 군부 권위주의 체제에서 벗어난 한국 민주주의가 이룩해 낸 괄목할 만한 성과를 먼저 서술하는 것이 필요하다고 판단되었다.

　이어서 이 글의 핵심적 주제를 다루는 제1부의 나머지 2~5장들과 제2부는 각각 한국의 대통령제, 국회, 정당, 선거라는 네 가지 주제를 중심으로 지금까지 한국 민주주의가 그 진화의 과정에서 드러낸 문제점을 제시하고, 이러한 문제의 해결을 위한 심화의 과제를 나름대로 제시해 보았다. 4인의 저자가 합의하여 설정한 이러한 문제점과 심화의 과제에 관한 논의는 정치제도를 중심으로 진행되고 있으나, 또한 정치 엘리트와 유권자인 국민의 행태 및 태도의 문제와 개선사항을 동시에 부분적으로 포괄하고 있다. 먼저 제2~5장은 대통령제, 의회, 정당, 선거 분야와 관련하여 우선 대통령 중심제적 대통령제, 자율성과 정책능력이 제한된 국회, 미완의 정당 민주주의,

대표성과 반응성이 부족한 선거제도라는 측면에서 그 문제점을 파악하였다. 이어서 제6~9장은 다시 견제와 균형의 대통령제를 포함한 대통령제의 정상화, 효율적인 의사운영과 행정부에 대한 견제능력 제고를 통해 입법과 정책기능이 강화된 국회, 정책기능 강화와 포괄적 참여를 지향하는 정당, 대표성과 반응성을 제고하고 국민의 참여와 보다 자유로운 분위기 속에서 진행되는 선거 등의 주제 하에서 한국 민주주의 심화의 과제를 논의하였다. 마지막으로 종장은 이 책의 논의를 종합적으로 정리하고 향후의 연구과제를 제시하는 것으로 끝을 맺게 될 것이다.

제1부

한국 민주주의 공고화의 성과와 문제점

제1장

한국 민주주의 공고화의 성과

I. 권위주의로의 퇴행이 없었던 대통령제

유신헌법 체제하의 제4공화국과, 12·12 군부 하극상과 5·17 계
엄조치를 통해서 탄생한 제5공화국하에서 한국의 유권자들은 자신
들이 원하는 대통령을 직접 선출할 수 없었다. 한국 민주주의의 암
흑기였던 제4, 5공화국 권위주의 체제하에서 대통령은 긴급조치권
혹은 국회해산권 등 막강한 비상대권을 행사하면서 국회의 역할을
행정부의 거수기(擧手機)로 전락시켰다. 또한 대통령의 권력에 대
한 어떠한 비판도 허용되지 않았고 시민의 정치적 권리는 제한되었
으며 언론의 자유로운 의사표현도 불가능해졌다. 이러한 권위주의
적 체제 하에서 민주주의의 최소한의 조건이라고 할 수 있는 선거

를 통한 정권교체는 실질적으로 기대하기 어려웠던 것이다.

　시민들의 저항으로 쟁취된 1987년 민주화 이후의 정치상황은 그 이전 권위주의 시기와 비교해서 질적으로 다른 정치과정을 창출하였다. 적어도 민주주의 공고화의 중요한 척도 가운데 하나로서 정규적이고 민주적인 선거라는 메커니즘을 통해서만 권력의 교체가 가능하다는 관점에서 볼 때, 1987년 민주화 이후 한국의 대통령제는 매우 성공적이라고 할 수 있다. 즉 민주주의가 '정치세력이 상호작용할 수 있는 유일한 게임(the only game in town)'이 되어 선거라는 방식 이외의 경로를 통해서 권력이 교체되는 것이 근원적으로 불가능하게 되어야만 민주주의 공고화가 이루어졌다고 할 때(Linz 1990a, 159), 제6공화국하에서의 한국 대통령제는 민주주의 공고화의 모범적인 사례가 되었다고 공언할 만하다. 국민이나 정치인들은 모두 선거라는 절차 이외의 다른 방식을 통해서 국민의 의사를 대변하는 최고 권력자의 등장을 상상할 수 없게 되었고, 2004년 노무현 대통령 탄핵시도 사태와 2008년 장기간에 걸친 시청 앞 광장의 촛불시위에도 불구하고 이러한 한국정치의 위기는 헌정의 중단이라는 파국으로 치닫지는 않았다.

　익히 알려져 있듯이 1987년 민주화 이후 한국은 5년 단임의 대통령제를 유지하면서 제13대 대통령 선거 이후 2007년 제17대 대통령 선거에 이르기까지 다섯 차례 선거를 민주적으로 치러냈고, 보수정권에서 진보정권으로 그리고 다시 진보정권에서 보수정권으로 두 차례의 이념적 권력이동을 무사히 경험하게 되었다. 다섯 차례 대선과 두 차례 권력의 이념변화 과정에서 쿠데타와 같은 헌정중단의 사례는 단 한 번도 없었고, 부정선거로 인한 논란이나 정당 간 갈등도 없었다. 선거를 통한 권력교체와 선거결과에 대한 승복은 치열한 선거운동 과정과 지역 간 반목에도 불구하고 대통령제를 중심으로 한 한국 민주주의의 자생적 생존력을 입증해 준 것이라고 할 수 있다. 이러한 대통령제의 성공적 진화는 라틴 아메리카의 대통령제 국가에서 빈번한 쿠데타의 위협이나 발발 혹은 대통령에 대한 탄핵 사태 등과 비교해 볼 때 한국의 민주주의가 그만큼 성공적으로 운용되어 왔음을 보여주고 있다.[1]

또한 한국 대통령제의 성과와 관련하여 선거를 통해서 국민이 위임하는 권력이 특별한 사적 조직이나 이익집단의 비호나 묵인보다 훨씬 더 정당하며 강력하다는 점이 보다 강하게 부각되어야 할 것이라고 보인다. 이는 권위주의의 종식과 민주화의 도래 이후에도 권위주의 시대의 유산으로서 특정한 권력집단이나 특권조직이 자신의 고유한 거점을 마련하고, 이를 토대로 국민의 선거를 통해서 선출한 최고 권력자인 대통령을 통제하는 소위 퇴행적 제도화(perverse institutionalization)[2] 현상이 한국 민주주의의 발전과정에서 사라졌다는 점에서 찾을 수 있다. 문민정부 수립을 구호로 내걸고 제14대 대통령으로 취임한 김영삼 대통령이 하나회를 비롯하여 군내의 사조직을 청산하고 이를 통해서 정치군인이 다시 준동할 가

---

1) 권위주의로의 퇴행을 비롯하여 남미 대통령제의 문제점 등에 관해서는 Cheibub(2002), Linz(1990b), Linz and Valenzuela(1994), Marsteintredet and Berntzen(2008), Valenzuela(1993; 2004) 등을 참조하기 바란다.

2) 발렌수엘라(Valenzuela 1992)에 의하면 '퇴행적 제도화'는 비록 정규적인 선거의 확립이라는 최소주의적 민주주의가 제도화되었음에도 불구하고 과거 권위주의적 잔존세력이 여전히 영향력을 행사하는 불안정한 상황을 지칭한다. 불완전한 민주주의 공고화와 관련된 퇴행적 제도화 사례는 민주적 절차에 의해서 선출되지 않은 권력이 민주적 절차에 따라 선출된 정부권력을 약화시키거나, 선거를 통해서 국민으로부터 민주적으로 권한을 위임받은 권력이 통제할 수 없는 영역이 존재할 경우 등을 포함한다.

능성을 소멸시킨 것은 이러한 퇴행적 제도화를 방지하여 한국 민주화에 크게 기여한 것으로 평가될 수 있다. 이와 같이 1987년 민주화이후 한국의 대통령제는 지역주의 투표행태 및 낮은 정당 제도화의 문제 등 여러 가지 부작용과 결함에도 헌정의 중단이 없이 지속적으로 발전해 왔다고 평가할 수 있다. 제6공화국 국민직선 대통령제하에서 이와 같은 한국 민주주의의 발전으로 인해 한국은 민주주의와 시장경제의 동시발전을 구가한 성공적인 나라 가운데 하나로 국제사회에 자리매김하고 있다.[3]

그러나 이러한 성과에도 불구하고 한국 대통령제는 이미 지적한대로 다양한 문제점을 안고 있어서 민주주의 질적 발전을 위해서새로운 변화가 요구되는 시점에 서 있다. 국회에 비해 비대한 대통령의 권한 및 정치과정의 대통령화 현상은 정치과정 전반에 걸쳐서대통령의 영향력이 과도하게 행사되어 한국 대통령제가 대통령 중심제로 변질되는데 기여하였다. 그리고 고질적인 과거 부정(否定)의 대통령제는 전임 대통령의 성공적인 업적이 정치적인 이유로 후임 대통령에 의해서 평가절하되거나 폄하되는 현상을 불러옴으로써, 대통령 성과의 발전적 계승을 저해하고 정책적 단절로 인한 다

---

3) 2011년 봄 중동 민주화 사태 이후의 이집트 정세와 관련하여 힐러리 클린턴 미 국무부 장관은 미래의 이집트 정치발전의 모델(role model)로서 한국을 거론한 바 있다. 언론보도에 의하면 클린턴 장관은 한국을 근대화와 민주주의를 동시에 성취한 국가로 높이 평가하고 있다("클린턴 "이집트 영리더, 한국 배워라" "『중앙일보』, 11/05/11)). 이에 앞서서 오바마 대통령은 비공개 석상에서 이집트의 미래 모델로서 칠레, 인도네시아, 한국 등을 이미 언급한 바 있다. 한편 1987년 민주화 이후 한국 민주주의의 성과에 대해서는 국내에는 비판적인 견해 역시 존재하고 있는데, 이의 일단을 살펴보기 위해서는 최장집(2005)을 참조하기 바란다. 최장집이 제기한 견해의 '몰역사성' 등을 중심으로 반론을 제기한 글로는 장훈(2009)을 참조하기 바란다.

양한 부작용을 야기했다. 또한 대통령의 측근이나 친인척과 관련된 비리 역시 빈번하게 발생하여 대통령의 레임덕 현상을 조기에 유발함으로써 대통령의 국정수행 능력을 현저히 저하시키기도 하였다. 이러한 한국 대통령제의 여러 가지 부작용은 한국 민주주의의 심화를 위해서 변화와 개혁이 필요한 영역으로 남아 있다.

II. 입법과정의 민주적 개혁과 국회의 의제설정 주도권 강화

대한민국 국회의 역사를 돌이켜 보면 의회자율성의 측면에서 가장 암울했던 시기는 제4공화국과 제5공화국이다. 1972년 10월 유신헌법은 국회의 권한을 비상국무회의가 대행하도록 함으로써 입법권을 행정권의 주체인 국무회의에 부여하였다. 이는 국민주권의 원리와 의회입법의 원칙을 철저하게 무시한 조치였다. 유신체제하에서 국회의원의 3분의 1은 대통령에 의해 지명되어 유신정우회를 구성하였고, 유신정우회는 집권여당인 공화당과 함께 대통령의 국회지배를 뒷받침하였다. 또한 대통령은 국회해산권을 부여받았고, 국회의 행정부 감독활동의 주요수단인 국정감사권은 폐지되었다(대한민국 국회 60년사 2008; 박찬욱 1995).

유신체제하에서 억압되었던 국회의 권한과 역할은 제5공화국에서도 그대로 이어졌다. 제5공화국 역시 신군부세력의 쿠데타에 의해서 확립된 유신의 후계체제였기 때문에 국민의 대표기관인 국회는 대통령의 정치어젠다를 정당화시켜주기 위한 '통법부(通法府)'

나 '거수기'로서의 기능만이 요구되었다. 군부권위주의 시절 국회의 입법기능이나 행정부 감독기능은 사실상 모두 매우 취약하였다. 행정부 주도의 신속한 경제발전 과정에서 민주적인 입법과정을 통한 정책수립은 비효율적인 절차로 간주되었고, 국회는 행정부가 주도한 정책을 법의 형태로 정당화시켜주는 기관에 지나지 않았다. 제4 · 5공화국 시기에 국회에 제출된 법안은 의원안보다 정부안이 압도적으로 많았으며, 이 시기 정부안의 가결률은 90%를 상회한 반면, 의원안의 가결률은 47%에 불과하였다.

1987년의 민주화 운동과 그에 따른 개헌, 그리고 제13대 총선 결과 헌정사상 최초로 집권여당이 국회에서 과반의석 확보에 실패하는 분점정부(divided government) 상황이 도래되면서 국회의 헌법적 위상을 회복할 수 있는 계기가 마련되었다. 야3당의 의석을 합치면 과반의석이 되는 여소야대(與小野大)의 입법환경에서 국회 기능의 강화와 국회운영의 민주화를 기하는 방향으로 국회법 전문개정이 이루어졌다(제23차 국회법 개정). 1987년의 개헌과 1988년의 국회법 개정을 통해서 국회는 1972년 유신체제 이전의 강력한 제도적 권한을 회복하였다. 즉 국회는 유신헌법에서 폐지되었던 국정감사권과 국정조사권을 부활시켰으며, 대통령의 국회해산권이 폐지되어, 국회의 헌법상 지위가 제3공화국의 시기에 준하게 복원되었다.

제13대 국회 이후로 국회는 입법과정의 민주성과 책임성을 제고하기 위한 제도적 개혁을 꾸준히 시도해 왔다. 예를 들면 전원위원회 제도, 전자표결제도, 소위원회 제도 등의 도입이 그 대표적인 사례이다. 뿐만 아니라 행정부 정책의 감독 기관으로서 국회의 헌법상 위상을 강화하기 위한 노력도 경주하였다. 행정부에 대한 자료제출 요구권을 강화하고 국회에 출석하지 않은 증인에 대한 제재수

〈그림 2〉 민주화 이후 정부제출 법안의 국회 가결률 및 수정가결률 추이

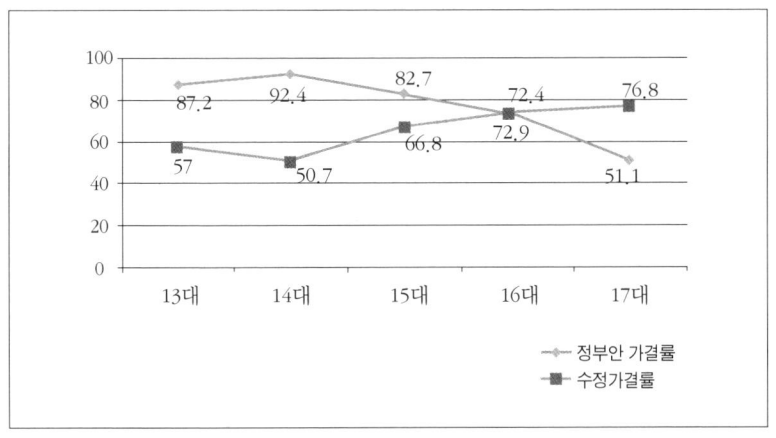

위를 높였다. 또한 대통령의 고위공직자 인사권을 견제하기 위해서 인사청문회를 도입하였다. 이제 국회는 전 세계 어느 의회와 비교해도 뒤떨어지지 않을 정도로 높은 제도화 수준을 갖추고 있다고 할 수 있다.

국회는 더 이상 권위주의 시기에서처럼 행정부의 입법의제를 통과시켜주는 통법부나 거수기 역할만을 한다고 보기는 어렵다. 민주화 이후로 입법의제 설정의 주도권은 점차 행정부로부터 국회의원에게로 이전되고 있다. 이는 민주화 이후로 국회에 제출되는 의원안이 숫적인 측면에서 정부안을 압도하고 있고, 정부안이 국회에서 원안대로 통과되는 비율도 현저하게 하락하고 있다는 점을 통해서 알 수 있다. 〈그림 2〉에는 민주화 이후로 국회에 제출된 정부안의 가결률과 가결된 정부안 중에서 수정가결되는 비율이 나타나 있다. 이를 보면 과거 90%를 상회했던 정부안의 가결률은 하락하는 추세로 제17대 국회에서는 51.1%로 떨어졌다. 또한 가결된 정부안의 경

우에도 원안대로 가결되기 보다는 수정가결되는 비율이 늘고 추세로, 제17대 국회의 경우 가결된 정부안의 76.8%가 국회에서 수정가결되었다. 이는 국회의 입법과정이 정부안에 대한 수정과 변형을 가하는 과정으로서 의미를 가진다는 점을 보여준다.

과거에는 정부안이 의원안보다 훨씬 많이 국회에 제출되었지만, 제15대 국회부터 의원안이 정부안보다 압도적으로 많이 제출되고 있다. 제16대 국회의 경우 의원안이 정부안보다 3배, 제17대 국회에서는 거의 6배 정도 더 많이 발의되었다. 물론 법안의 가결률은 여전히 의원안보다 정부안이 높은 것은 사실이지만, 적어도 입법의제의 설정이라는 측면에서는 의원이 주도권을 장악했다고 할 수 있다. 의원안의 경우 정부안이 국회에 제출되기 이전에 거쳐야 하는 필수절차가 사실상 없기 때문에, 다양한 사회이익을 대표하기가 용이하다. 이 점에서 의원안의 폭발적인 증가는 단순히 의원의 입법 참여 증가뿐만 아니라, 입법과정이 국민이 대표과정으로서 제대로 기능하고 있음을 나타내 주는 지표라고 할 수 있다.

이와 같은 양적인 지표에서뿐만 아니라, 질적인 측면에서도 입법과정을 개선하기 위한 노력이 꾸준히 경주되었다. 그 대표적인 사례가 국회 내에 전문적인 입법지원기관을 신설한 것이다. 2004년에는 국가의 예산결산 · 기금 및 재정운영과 관련된 의정활동을 지원하기 위해서 국회예산정책처가 신설되었고, 2007년에는 입법 및 정책관련 사항을 연구, 분석하여 의정활동을 지원하는 입법조사처가 개청하였다. 이 두 기관은 정치적으로 중립적인 입장에서 의정활동에 필요한 전문적인 지식과 정보를 국회의원에게 제공함으로써, 행정부에 비해 정보와 전문성의 측면에서 열세에 있었던 국회가 입법활동에 필요한 전문성을 확보하는 데 견인차 역할을 하고 있다.

그러나 민주화 이후로 전혀 개선되지 않고 반복되고 있는 국회 의사파행과 여야 정당 간의 파국적인 대립은 민주주의의 심화를 향해 나아가야 하는 한국정치의 발목을 잡고 있다. 특히 집권당이 국회 다수당을 차지했던 제17대 국회와 제18대 국회에서 원내정당 간 파국적 갈등의 양상은 오히려 심화되는 양상을 보이고 있다. 쟁점 법안에 대한 원내정당 간의 이견은 대화와 타협으로 해결되지 못하고, 물리적 대립을 거쳐 결국은 의장의 직권상정을 통해 처리되는 양상이 반복되고 있다. 제18대 국회에서는 4년 연속 야당이 예산안 심사를 거부하여 결국 예산안은 여당 단독의결을 통해 처리되었다. 이와 같은 의사파행과 입법교착의 반복은 국회가 이루어낸 모든 성과들까지도 무용지물로 만들어버리고, 국민들의 국회에 대한 신뢰를 저하시킨다는 점에서 심각한 문제가 아닐 수 없다.

III. 실질적 정당경쟁의 제도화

1987년 민주화는 실질적인 정당경쟁을 달성하게 하였다. 행정부의 강력한 사회통제가 사라져 정치적 반대와 결사는 자유로워졌고, 정당의 자유로운 창당과 해산의 허용은 형식적 정당경쟁에서 벗어나도록 하였다. 이와 같은 민주주의 최소요건의 달성 이후 정당정치에 대한 규범을 구체화하기 위한 정치개혁이 지속되었고 이를 토대로 하여 어느 정도 정당정치는 발전해 나갈 수 있었다. 민주주의 공고화를 의미하는 한 지표로서 정당정치는 이제 상당한 수준에 도달한 것으로 평가할 수 있다.

한국 정당의 기본적인 특징은 사회적 기원이 아니라 제도적 기원(institutional origin)[4]을 갖는다는 데에 있다. 1948년 미군정의 주도로 시작된 한국의 정당정치에는 오랫동안 제한적인 경쟁만이 두드러졌다. 특히, 군부 권위주의 시기의 정당 활동은 사실상 정지되었다고 해도 과언이 아니었다. 정상적인 정치과정을 거치지 않고 권력을 장악한 군부는 정당의 자생적 발전에 제동을 걸었을 뿐만 아니라 기존 정당을 강압적으로 해체하도록 하고 자신들이 구상한 형태로 정당체제를 수립하려고 노력하였다(김용호 2001, 49).

이러한 정치적 조건에서 관권선거와 부정선거는 대통령을 중심으로 한 여당의 압도적 우위와 취약한 야당이 공존하는 정당정치를 구성하였다. 대통령을 중심으로 한 여당의 우위는 강압적인 사회통제의 토대 위에서 가능하였다. 행정부의 사회통제와 정치적 동원은 행정단위별 조직적 선거운동 개입이나 투표 동원에 그치지 않고, 야당 후보 선출과 창당과정에까지 직·간접적으로 개입하는 것이었다. 1971년 대통령 선거 직전 신민당 유진산 대표를 야당 후보로

---

4) 사회균열(social cleavage)에 토대로 발전한 사회적 기원(social origin)을 갖는 선진 민주주의 국가와 달리, 제도적 기원을 갖는 정당은 정당의 자생적 발전이 없는 상황에서 대의민주주의 제도 도입을 계기로 발전한 신생 민주주의 국가에서 나타나는 정당의 특징이다. 신생 민주주의 국가에서 정당정치의 발전은 보통선거권의 보편적 부여를 계기로 정당의 창당과 이들의 선거 참여가 동시에 이루어졌다는 특징이 있다. 이들 국가의 정당은 선거제도와 정당제도가 동시에 도입되는 제도적 기원을 가짐으로써, 사회적 기원을 갖는 선진 민주주의 국가의 정당정치와 다른 특성을 갖는 경향이 있다. 선진 민주주의 국가에서 신분제 의회를 중심으로 한 간부정당 등장과 시민사회의 부흥에 따른 자발적 정당 창당은 사회 전반의 정치참여 요구를 수용하면서 정치제도가 발전하는 과정을 경험하면서 가능하게 되는데, 이와 같이 사회균열의 변동에 따라 발전한 정당정치가 사회적 기원을 갖는다고 본다(Biezen 2000, 396).

내세우기 위한 중앙정보부의 공작과 1980년 신군부 집권 이후 야당의 창당, 정당대표 선출, 그리고 혁신정당 창당 주도(서중석 2008, 156-157; 206-207)는 정치적 동원에 의한 정당정치 창출의 대표적 사례이다. 이때 야당의 역할은 행정부의 효과적이고 안정적인 집권 유지에 기여하는 것이었다. 야당은 권위주의 체제하의 행정부가 허용하는 범주를 넘어서는 반대를 시도할 수 없어서, 여당 주변을 떠도는 위성정당(satellite party)에 불과하였다. 사실상 공정한 정당경쟁이 불가능한 정치구조에서 여당의 압도적 우세와 다수의석 확보는 늘 예견되는 사실이었고, 의회정치도 행정부의 정책집행을 인준하는 형식적인 절차에 지나지 않았다.

이러한 제한적 정당경쟁은 민주화 직후의 정치과제로 등장하였다. 압도적 우위를 차지하는 여당이나 충성스러운 반대의 기능만을 하는 취약한 야당은 더 이상 존재하지 않았지만 정당 민주주의는 좀처럼 달성되지 않았다. 정당 지도부의 과두적 지배 현상은 권위주의 시기만큼 두드러지지 않았지만 후보자 공천과정을 포함한 정당 운영 전반에 대한 영향력은 여전히 강력하였다. 민주화 이후에도 정당간 경쟁이 민주화 운동 시기의 주요 어젠다였던 '민주-반민주'의 대립구도에서 벗어나 여당과 야당들의 정책경쟁 강화, 정당의 안정적 발전 등으로 이어지지는 못하였다.

이러한 문제점으로 인해 민주주의 공고화 과정에서 다양한 정치개혁이 시도가 되었다. 정당민주주의 제고를 목적으로 한 정치개혁은 정당 지도부 중심의 권력집중 현상을 해소하는데 주안점을 두었다. 정당민주주의 제고를 위한 정치개혁 어젠다는 지구당 폐지로부터 시작하여 각종 선거에서의 국민경선제의 도입, 의원총회 운영의 정상화 등 구체적인 변화로 이어졌다. 정치개혁은 주로 정당 지도부의 절대적 권한을 소속의원과 당원들로 분산시키는 방향으로 진행되었다. 특히, 정당개혁은 국회의 의제설정 주도권을 강화하기 위한 조직 전환에 목적을 두었다.

이러한 정치개혁은 상당한 성과를 거두었다. 가장 괄목할 만한 발전은 정당 지도부가 더 이상 절대적 영향을 행사할 수 없는 조직적 구조로 전환하였다는 점이다. 특정 명망가, 권위주의적 리더 혹은 카리스마적 정치인이 후보로 선출되는 추대 방식(이승만, 박정희, 전두환, 김영삼, 김대중, 김종필)이나 정당의 핵심 지도자나 계파가 모여 특정 인물을 선출하는 후보지명 방식(노태우)은 '국민경선제'로 대체되었다(박홍엽 2004, 290-291). 현재 '전략공천'으로 명명되는 정당 지도부와 정당 차원의 정치적 고려에 의한 후보 선출은 특정 선거구나 지역에서만 나타나며, 일부분으로 축소되어 '밀실공천'이라는 공천과정의 문제는 어느 정도 해소된 것으로 보인다. 정당의 강한 당론은 여전히 쟁점사안에 대한 소속의원의 자유로운 의사결정을 제약하고 있지만, 권위주의 시기 의원들에 비해 비교할 나위 없이 의원의 자율성은 제고되었다. 민주화 이후 각종 정치규제의 확대와 실시가 정당 지도부의 전횡과 부정부패를 최소화함으로써 실질적 정당경쟁의 달성과 함께 정당민주주의 발전의 토대를 갖추었다.

이와 같은 나름대로의 성과에도 불구하고 여전히 정당민주주의 발전은 정체되고 있다는 사실에 주목할 필요가 있다. 위성정당은 사라졌지만 지역주의적 선거전략과 그 동원이 장기간 지속되면서 정당을 신뢰하지 않는 유권자의 태도는 낮은 투표율로, 그리고 정치 자체에 대한 불신으로 이어지고 있다. 여당과 정당 지도부 중심의 권한이 지배하던 권위주의 시기 잔재에서 각종 정치개혁이 정당

대표의 권한을 축소시키고 분산시키는 성과를 거두었지만, 유권자를 대표하는 정당으로 발전하기 위한 정당의 조직적 발전은 이루어지지 않고 있다. 이와 더불어 정당 이합집산의 반복은 정당조직의 기능적 분화를 저해하고 있다.

이러한 관점에서 한국 정당의 발전, 즉 정당 제도화(party institutionalization)의 수준을 구체적으로 검토하여 민주주의 심화를 위한 정당민주주의의 과제에 주목할 필요가 있다. 정당의 조직적 발전과 기능적 분화와 밀접한 관련을 갖는 정당 제도화의 수준은 권위주의 시기 정당정치 문제의 해소와 민주화 이후 새로이 등장한 정치적 문제를 해결하는 것과 관련되어 있는 문제이다. 예컨대 지역정당이 주도하는 정당경쟁에서 정당별 정책적 차별성은 좀처럼 찾기 어려우며, 빈번한 정당 이합집산은 정당정치의 불안정성을 보여주는 지표인 동시에 유권자에게는 정치에 대한 불신을 심어주는 요인으로 작용하고 있다. 정책경쟁의 부재와 빈번한 정당 이합집산은 정당 제도화의 저해요인이 될 뿐만이 아니라, 다시 의회정치의 비정상적 작동과 정당에 대한 유권자의 불신으로 확산되는 악순환의 원인으로 작용하고 있다. 따라서 민주주의 심화를 위한 구체적인 대안을 모색하기 위해 현재 한국 정당정치의 문제를 그 중요한 요인의 하나로 살펴 볼 필요가 있다.

IV. 선거 민주주의의 성공적 제도화

멀리는 1948년 건국 이후 그리고 가깝게는 1987년 민주화 이후 한국 정치에서 부정선거와 불법적 선거자금의 운용은 고질적인 병폐 중의 하나로 거론되어 왔다. 예컨대 1960년 4·19 혁명도 부정선거에 의해 촉발되었다고 해도 과언이 아니다. 즉, 1960년 3월 15일 실시된 정·부통령 선거에서 패배를 감지한 이승만 정권은 관권과 금권을 총동원하는 부정선거를 실시하였고, 그 결과 부통령 후보인 이기붕의 지지가 90%를 넘어 심지어 득표율을 하향 조정해야 하는 사태가 빚어지기도 했다. 이런 부정부패로 얼룩진 선거 결과에 분노한 시민과 학생들은 전국 각지에서 부정선거 규탄 시위를 벌였고 결국 이승만 정권을 붕괴시켰다.

이러한 시민적 저항과 민주화의 노력에도 불구하고 금권, 관권, 부정선거는 권위주의 시대와 민주화 초기에도 없어지지 않았다. 예컨대 2000년 실시된 제16대 총선관련 보도에서 정당 정세분석위의 한 관계자는 당시 선거에서 "물가 상승까지 감안하면 '30당 20락'은 족히 될 조짐이다"라고 인터뷰에서 이야기한 바 있어(주간동아 제221호, "30당 20락 돈놓고 표먹기," 2000/02/10), 민주화 이후 여전히 선거자금 운용의 부정적 측면이 지속되어 왔음을 잘 보여주고 있다.

민주화 이후에도 공정하고 깨끗한 선거의 제도화가 정착되는 데는 많은 어려움이 있었다. 특히 법을 만드는 정치인을 구속하고 제재하려는 법을 정치인 스스로 그리고 적극적으로 만들려고 하지 않는다는 점이 큰 문제점으로 지적되었다. 가장 깨끗한 대통령 선거였다고 평가 받은 제16대 대선도 불법선거와 정치자금에 대한 정치적 스캔들이 발생하였고, 이를 계기로 정치개혁에 대한 논의가 활발히 진행되었다. 개혁을 위한 논의 과정에서 행정부, 정당, 시민단체, 정치학계, 그리고 언론이 함께 힘을 모아 정치개혁을 추진하기에 이르렀고, 정치권도 더 이상 개혁을 미룰 수 없는 상황에 처하게 되었다. 중앙선거관리위원회는 기존의 선거법이 지나치게 규제중심적이라는 점을 인식하고 선거운동의 자유로 정치참여를 확대하는 방안과 정당의 민주화와 정치자금의 축소방안도 함께 제시하였고, 이와 함께 완전한 선거공영제 실시, 정당명부식 비례대표 확대 등의 개혁안도 등장하였다. 정치개혁을 주장하는 다양한 시민단체는 개혁을 위한 추동력을 모으기 위해 '정치개혁추진 범국민협의회'를 만들고 정당명부식 비례대표의 도입, 비례대표의석의 확대, 선거공영제 확대를 주장하였다. 이 협의회는 자신들의 주장을 국회를 통해 입법화하려는 국민참여운동도 동시에 추진하였다(임성학 2003, 197-98).

이런 노력은 2004년 3월에 이르러서야 비로소 부분적으로나마 제도화되기에 이르렀다. 국회 정치개혁특위는 학계와 시민단체 등이 제시한 개혁적 내용을 담은 정치개혁법안을 만들었지만, 비례대표 의석이 늘어나 지역구가 줄어들 것을 걱정한 의원들의 반대로 한동안 통과되지 못하였다(한국경제 2004/02/23: 검색일 2011/5/10). 결국 국회의원 정수는 273석에서 299석으로 늘리고 증원된 의석은 지역구 16석, 비례대표 10석으로 배분되는 방식으로 합의한 후 정치개혁법이 통과되었다.

2004년 3월 9일 통과한 정치관계법의 주요 내용은 다음과 같다. 선거와 관련해서 살펴보면 선거운동의 자유와 공정성이 강화되었다. 먼저 예비후보자의 선거기간 전 선거운동을 허용하여 현직의원과의 불평등을 줄였고, 정보화 시대를 맞이하여 비용이 덜 드는 인터넷 선거운동을 확대하였다. 또한 개정된 선거관계법은 불법 선거자금의 운용 가능성을 약화시키면서 선거의 공정성과 형평성을 높이기 위해 합동연설회, 정당·후보자연설회를 폐지하고 선거공영제를 확대하였다. 이와 아울러 돈이 많이 드는 조직동원의 선거운동에서 저비용의 매스미디어 선거운동이 권장되었으며, TV, 라디오, 신문광고 등 언론매체를 이용한 선거운동이 적극적으로 홍보되고 이에 대한 지원도 늘어났다. 또한 개정선거법은 선거권 위반 행위 규제의 실효성을 높이기 위해 선거범죄 조사권을 강화하고 내부고발자나 신고 제보자의 신상을 보호하고 불법을 신고한 경우 포상금도 지급하도록 하였다. 마지막으로 개정선거법은 선거비용에 대한 규제를 강화하였다(중앙선거관리위원회 홈페이지 보도자료 2004/03/10). 오세훈 의원이 주도했다고 해서 일명 "오세훈법"이라고도 불리는 이 정치관계법 개정으로 한국 정치는 한 단계 올라갔다는 평이 일반적이다.

2004년 정치관계법 개정으로 인해 비교적 단기간에 돈 안 들고 공정하며 깨끗한 선거제도가 정착될 수 있었다. 이러한 법 개정을 계기로 제도적 개선과 국민 정치의식의 선진화로 선거분야에 있어서 많은 진전이 있었다. 그 결과 현재 한국은 신생민주주의 국가 혹은 권위주의 국가들 사이에서 민주주의 공고화와 경제성장을 동시에 달성한 국가로 인정받으면서 민주적 국가발전 모델의 전범으로 높이 평가받고 있다(임혁백 2000). 경제 전문 잡지 이코노미스트(Economist)의 연구기관인 EIU(Economic Intelligent Unit)는 2년마다 한 번씩 민주주의 지수(Democracy Index)를 발표하고 있는

데, 한국의 민주주의는 2008년 8.01점으로 세계 28위를, 2010년에는 8.11점으로 세계 20위를 차지했다. 민주주의 평가 항목 중 선거과정의 공정성, 자유성, 개방성, 정치적 자유를 종합적으로 평가하는 선거과정과 다원주의(electoral process and pluralism) 항목에서 2008년 9.58점, 2010년 9.17점을 획득해 민주주의의 다른 어떤 지수 항목보다 높은 점수를 얻어 내었다.[5] 이 항목에서 미국과 일본 모두 8.75를 받았다는 사실은 한국 선거제도나 선거문화의 우수성을 보여주고 있다. 이런 발전에도 불구하고 한국 민주주의에 대한 국내 평가는 매우 비판적이다.

이처럼 한국의 민주주의가 높은 수준에 도달하였다는 평가에도 불구하고 국내의 비판적 여론이 끊이지 않는 이유는 선거제도의 제도화에는 성공하였지만 제도화가 곧바로 국민이 원하는 정치적 결과를 가져오지는 않았기 때문이다. 새로운 정치관계법도 보다 폭넓은 대의 정치의 확대를 통해서 다양한 계층을 대표하고 국민의 요구와 관심에 더 반응하는 정치를 원하는 국민의 기대를 완전히 충족시키지는 못했다. 또한 선거과정이 국가기관의 규제중심적 선거운영으로 인해 국민의 자유로운 선거운동 참여활동을 어렵게 하고 선거과정 전반에 대한 국민의 알 권리를 침해하다는 지적이 있어서 개선이 요구되고 있다.

---

5) 2008년 자료는 graphics.eiu.com/PDF/Democracy%20Index%202008.pdf(검색일: 2011/04/20), 2010년 자료는 graphics.eiu.com/PDF/Democracy_Index_2010_web. pdf(검색일: 2011/04/20)를 참조했다.

제 2 장

'대통령 중심제'적 대통령제

한국 민주주의의 공고화 및 심화의 과정은 1987년 민주화 이후 대통령제의 발전과정의 궤적과 거의 일치한다고 해도 지나치지 않을 정도로, 한국 민주주의 발전의 척도는 대통령제의 성과와 밀접하게 관련되어 있다. 이는 대통령제 이외에 국회 정책결정의 자율성 제고나 정당정치의 제도화 혹은 국민의 적극적인 정치참여가 한국 민주주의의 발전을 가늠하는 중요한 척도라는 사실을 도외시하거나 폄하하는 것이 아니다. 이러한 주장은 공고화 이후 한국 민주주의의 발전이 단순히 권위주의로의 퇴행을 막기 위한 대통령의 자의적 권한행사 방지와 정규적 선거를 통한 평화적이고 민주적인 대통령의 교체에 그치는 것이 아니라, 견제와 균형 및 권력분립의 정신에 보다 충실한 한국 대통령제의 질적인 성숙과 심화에서 발견될 수 있다는 점을 의미하는 것이다.

한국 민주주의 심화의 과제와 관련하여 제6공화국 헌법하의 대통령제 권력구조의 성과 및 문제점을 살펴보기 위해서, '대통령 중심제'적 대통령제(president-centered presidentialism)의 문제점,[6] 축적(蓄積)적 발전을 저해하는 과거부정(否定)형 대통령제의 폐단, 그리고 정치과정의 지나친 대통령화(化)(presidentialization) 현상 등을 중심으로 한국 대통령제의 결함을 지적하고자 한다. 대통령 중심제적 대통령제의 문제점은 대통령에게 권력이 집중되어 있는 데 비해 상대적으로 국회의 권한이 위축되어 있어, 새로운 대통령이 등장할 때마다 마치 관행처럼 반복적으로 등장하는 전임 대통령 업적에 대한 폄하 현상, 대통령의 정책 어젠다가 그대로 국회의 주요한 입법의제로 변화하는 현상 등 대통령의 영향력이 지나치게 부각된다는 데 있다. 이러한 한국 권력구조의 문제점은 단순히 정규적인 대

---

6) 한국 대통령제의 질적인 발전을 위해서 '대통령 중심제'를 넘어서는 진정한 '대통령제'가 필요하다는 이 글의 주장과 관련하여 양 개념의 차이에 관해서 간단히 언급할 필요가 있다. 세계 최초의 대통령제 국가인 미국의 대통령제를 다른 국가와 차별화하여 분석하면서 존스(Jones 1997)는 흔히 비교정치에서 논의되는 대통령제는 국가 정책결정과정에서 대통령의 역할과 권력을 강조하는 '대통령 중심제'적인 성격이 강하여 그 모델을 미국에 적용할 경우 문제가 많다고 비판하고 있다. 그에 의하면 미국의 대통령제는 헌법상의 특권에서 보면 그다지 강력하지도 않으며, 대통령이 행정부의 수반이라는 사실이 자동적으로 대통령의 권한을 보장해 주지도 않는다. 또한 존스는 미국의 입법과정은 대통령과 의회라는 "분립된 기관이 공동의 권력을 위해서 경쟁(separate institutions competing for shared powers)"하는 체제라고 정의하면서, 비교정치에서 논의되는 대통령 중심제적 대통령제와 미국의 대통령-의회 공조형 통합주의적(incorporationist) 대통령제를 구분하고 있다. 이 글에서 한국의 대통령제가 대통령 중심제적 속성이 강하다는 점을 강조하는 것은 입법과정을 포함한 정치과정 전반에서 입법부인 국회의 권한이 위축되어 있고 대통령의 권한이 상대적으로 비대하다는 점에 착안한 것이다. 한국 대통령제가 대통령 중심제적인 성격을 띠고 있어서 전후임 대통령 간의 갈등을 포함한 한국 대통령제의 비극이 초래된다는 주장의 일면을 보기 위해서는 심지연(2009)를 참조하기 바란다.

통령 선거를 통한 '평화적 정권교체'와 '평화적 이념교체'라는 성과를 넘어서 한국 민주주의 심화와 질적 발전을 위해서 해결되어야 할 중요한 과제라고 판단된다.

I. 집중된 권력 및 권력의 부패[7]

1. 인사권과 예산권의 집중[8]

1987년 당시 한국 민주화 추진세력은 대통령 직선제를 특징으로 하는 제6공화국 헌법을 채택하였다. 1979년 10.26사태 이후 대통령의 자의적 권력행사를 가능하게 한 유신헌법 및 이에 기반한 제4공화국이 몰락하고 이어서 등장한 제5공화국 역시 군부의 12·12 쿠데타에서 기원하고 국민적 동의라는 정당성이 결여한 권위주의적 체제였다. 따라서 1987년 민주화 운동은 헌법상 최고 권력자인 대

---

7) 이 절에서는 대통령 혹은 대통령 산하의 행정부에게 집중된 인사권 및 예산권과 대통령 측근정치의 문제를 중심으로 한국 대통령제의 대통령 중심제적 성격을 논의하고자 한다. 그러나 이 외에도 대통령 중심제적 성격의 한국 대통령제를 규정하는 다양한 요소들이 있는데, 그 가운데 중요한 것은 헌법상 보장된 긴급명령이나 위임명령의 권한이라고 할 수 있다. 특히 입법부와 관련하여 위임입법을 가능하게 하는 위임명령권은 헌법 제75조에 근거하여 법률로 범위가 정해진 사항에 대해서 대통령이 위임명령을 내릴 수 있게 하고 있는데 자칫 위임된 내용의 해석을 둘러싸고 대통령의 자의적인 권한행사가 있을 수 있어 문제의 소지가 있다.
8) 대통령의 인사권 및 예산권 장악과 이와 관련된 의회의 상대적 취약성에 관해서는 제3장 "제한적 자율성과 정책능력을 가진 국회"에서 보다 자세히 설명될 것이다.

통령을 국민이 직접 선출한다는 여망에 따라서 이를 보장하는 데에 초점이 모아졌었다.

그러나 제6공화국하에서도 국민이 직접 선출한 대통령의 권한이 여전히 막강하고 민의의 수렴기관인 국회의 정책심의 및 정책결정 기능이 충분히 보장되지 않는 등의 결함은 여전히 남아 있었다. 따라서 한국의 대통령제는 제6공화국 이전 권위주의적 대통령제의 속성은 약화되었다 하더라도 여전히 대통령제라기보다는 대통령 중심제적인 성격을 강하게 띠게 되었다. 대통령 중심제적 특성으로 인해 우선 한국의 대통령은 헌법상 보장된 행정부의 수반 및 국가원수로서의 권한 등 비교적 다방면에 걸쳐서 다양한 권한을 보유하고 있다. 우리 헌법상 대통령은 법률안 제출권, 국가긴급권, 광범위한 사면권, 헌법개정안 제안권, 국민투표 부의권, 헌법재판소장과 재판관 임명, 대법원장과 대법관 임명 등 매우 광범위한 권한을 보유하고 있어서 비단 행정부의 수반이 아니라 국가원수로서 영도적 지위가 강조되고 있다(김혁 2007). 뿐만 아니라 대통령은 여당의 사실상의 수장으로서 국회 내 여당 지도부와 의원을 아우르면서 공천권 등의 막후 행사를 통해서 실질적으로 당을 지배해 온 것이 사실이다. 이러한 행정부와 여당에 대한 대통령의 강력한 지배력은 국회 내 여당을 매개로 대통령의 권한행사가 의회정치에까지 실질적으로 영향을 미치게 함으로써 국회의 기능을 크게 위축시켜,[9] 한국

---

9) 2011년 3월 4일 국회 행정자치위원회에서 여야 합의로 통과된 정치자금법 개정안에 대해서 이 개정안의 의도가 전국청원경찰 친목협의회 입법 로비의혹에 연루된 의원들에게 면죄부를 주는 것이라는 반대여론이 비등하자 이를 반영하여 청와대의 거부권 행사 등의 가능성이 언론에 보도된 바 있다. 이와 같은 역풍의 와중에서 당시 여당인 한나라당 안상수 당대표와 김무성 원내대표 등은 청와대의 부정적 분위기를 감지하고 정치자금법의 추진에 무리가 있었음을 인정, 이를 철회한 바 있

의 대통령제가 대통령을 중심으로 권력이 집중되는 대통령 중심제로 변화하는데 중요한 요인으로 작용하였다. 이 외에도 강한 행정국가의 전통과 국민투표제적인 대통령 선거제도 등으로 인해 한국의 대통령제는 견제와 균형의 원리에 충실하다기 보다는 '초대통령제(hyperpresidentialism)'의 속성 또한 보이고 있다(Kim 2004).

구체적으로 대통령과 대통령이 이끄는 행정부에 대한 의회 견제권한의 취약성은 한국의 경우 대통령의 인사권에 대한 국회의 통제권한이 제한적이라는 점과 예산편성에 관한 권한이 행정부에 의해서 독점되어 있다는 점에서도 발견된다. 이러한 현상은 우선 우리국회가 대통령의 인사권한을 효과적으로 견제할 방법을 적절하게구비하고 있지 못하다는 사실에서 확인할 수 있다. 우리 헌법은 국무위원이나 행정부서의 장(長) 등 정부각료를 임명할 경우 대통령은 국무총리의 제청을 받아 임명하도록 규정하고 있으나(헌법 제87조, 94조) 이는 형식적일 뿐 사실상 대통령이 실질적으로 각료임명권을 행사하고 있다.[10] 더 나아가 그 임명에 있어서 국회의 동의가

다. 이러한 사례는 대통령의 의중이 여당의 정책 및 입법 어젠다 설정에 암묵적으로 상당한 영향력을 행사하고 있음을 입증하는 것이라고 볼 수 있다("政資法 기습처리 후폭풍: "政資法, 대통령 거부권 검토. "(『동아일보』, 09/03/08)). 이러한 여당의 대통령 추종 현상은 한국의 대통령제가 미국식의 권력분립형 대통령제가 아니라 실제운영에 있어서 상당한 수준 의회제적인 요소를 차용한 대통령제이기 때문이기도 하다. 즉 우리 국회의 대통령 소속당은 의회 자체에 대한 귀속감보다는 여당으로 작동하면서 의회의 독자적인 정책적 입장개진보다는 대통령의 어젠다를 의회에서 충실히 입법화하는데 기여하였다. 따라서 상임위원회를 중심으로 다수당과 소수당 의원이 정책개발에 주력하는 미국식 대통령제와 달리, 한국국회의 대통령 소속당과 그렇지 않은 정당들 간의 관계는 소위 여야관계를 형성하여 원내정당 간의 협력의 여지를 축소시켜 의회정치의 대통령화에 기여하였다.

10) 한국의 국무총리 제도는 비록 그 임명에 국회의 동의가 있어야 하지만 총리가 국회나 국회 다수당이 선출한 인물이 아니라 대통령이 지명한 인물이라는 점, 국회가 총리와 내각에 대한 불신임 권한을 보유하고 있지 않다는 점, 그리고 총리

필요한 국무총리, 감사원장, 대법원장(헌법 제86조, 98조, 104조)과 달리 대통령을 보좌하는 행정부서 장관의 임명과 관련하여 대통령 인사권에 대한 국회의 견제권한은 매우 취약하다.

2000년 인사청문회법이 제정되면서 국회 인사청문제도가 도입된 후 행정 각부의 장관 임명자에 대한 인사청문회가 2005년부터 실시되고 있으나, 대통령의 임명동의안에 대한 국회의 인사청문 기간이 매우 짧고 형식적일 뿐만 아니라, 무엇보다도 인사청문회 결과의 구속력이 없다는 문제가 지적되어 왔다. 즉 여당이 국회에서 다수의석을 차지하고 있을 경우 인사청문제도는 사실상 요식행위로 변질될 수 있다는 사실 또한 대통령의 인사권을 국회가 효과적으로 견제하는 것을 어렵게 하고 있다. 더 나아가 대통령이 제출한 인명동의안에 대해 국회가 최종적으로 제출하는 인사청문 경과보고서가 법률적으로 대통령의 인사권을 제한할 수 있는 것이 아니어서 대통령의 인사권에 대한 실질적인 견제는 어렵다(최준영 외 2008; 손병권 2010).

한국의 대통령제의 또 다른 문제점은 국민의 삶의 내용과 질을 결정하는 데 긴요한 행정부의 예산을 행정부가 편성, 제출하고 국회가 심의만을 한다는 사실에 있다. 국회는 예산심의를 통해서 예산액을 삭감하는 등의 조치를 취할 수 있으나 예산항목의 변경과 조정은 불가능하며, 더구나 국가적 안목에서 예산에 대한 장기계획을

가 아닌 대통령이 실질적인 행정부의 수반이라는 점에서 수상주도형 대통령제(premier-presidentialism) 혹은 준대통령제(semi-presidentialism)하에서 수상보다는 권한이나 지위가 현저히 약하다. 수상주도형 대통령제에 관해서는 Shugart and Carey(1992)의 제2장 "Defining Regimes with Elected Presidents"를 참조하기 바란다.

수립한다든지 특정 정책분야에 대한 과감한 혁신을 단행할 정도의 독자적인 권한을 보유하고 있지는 않다. 예산안은 어디까지나 행정부가 제출한 정부안 하나로 국한되며, 우리 국회의 경우 예산 법률안 작성권한은 없다. 나라살림의 계획과 운용에 있어서 민의를 대표하는 국회가 예산 법률안 작성권한이 없이 다만 정부 예산안에 대한 심의권한만을 보유하고 있다는 것은 우리 국회가 대통령과 행정부의 권한 행사를 효과적으로 견제할 장치를 보유하고 있지 않다는 것을 의미하여, 더 나아가 예산 심의과정을 통해서 대통령과 행정부의 정책방향을 근본적으로 수정할 수 있는 방안이 없음을 의미한다.

2. 측근정치의 폐단

비례대표제를 채택하고 있는 다수의 유럽대륙 국가의 권력구조인 의회제와는 달리, 대통령제 국가에서 대통령 당선자를 중심으로 나타나는 승자독식(winner-take-all)의 경향은 대통령제의 일반적인 부정적 현상으로 여겨져 왔다(Linz 1990b; Valenzuela 1993). 다당제 하에서 비례제를 통해 의원을 선발하는 의회제 국가에서 정치적 승자와 패자 간의 이해득실 관계는 대통령제에서의 승자와 패자의 이해득실 관계와는 분명히 다르다는 것이 합의된 입장이다(Anderson and Guillory 1997).[11] 선거에서 일정 지분만을 확보하면 군소정당

---

11) 앤더슨(Christopher J. Anderson)과 길로리(Christine A. Guillory)에 의하면 선거 패배자가 느끼는 불만은 선거제도에 있어서 다수제보다는 비례제를 채택하는 합의제형 국가에서 더 적게 나타나고 있다(Anderson and Guillory 1997).

까지도 특정 정당과 연합하여 연립정권에 참여함으로써 국정을 담당할 수 있는 것이 의회제라고 한다면, 대통령제는 승자독식이 일반화되어 패자의 불만은 대통령 임기 내내 지속될 수 있다는 것이다.

대통령제의 승자독식 경향에 더하여 한국의 경우 대통령이 지니는 행정부 수반 및 국가원수로의 권한, 그리고 실질적인 여당의 영수로서의 권한은 한국 대통령에게 비교적 당선 이후 상당히 많은 영역에서 권한을 행사할 수 있는 길을 열어 놓고 있다. 따라서 대통령 선거 이후 대통령 권력 주변에는 이러한 권력을 함께 향유하려는 세력이 몰려들게 마련이며, 또한 이러한 권력에 접근하려는 비리세력의 유혹이 끊임없이 나타나게 된다. 이러한 상황에서 대통령 스스로가 자신의 권력을 자신을 지지해 준 국민의 의사에 부합하게 적절하게 행사하지 않을 경우 대통령 권력행사에 따른 다양한 형태의 부정적 현상과 스캔들이 등장하게 된다.

대통령의 권력행사와 관련하여 대통령 측근정치의 문제, 가부장적 정치문화의 부작용, 오랜 민주화 투쟁과 관련된 가신정치의 득세 등이 한국 대통령제의 대통령 중심제적인 권력집중 경향을 더욱 부각시키면서 그 문제점을 더욱 키우고 있다. 우선 1972년 유신헌법 등장 이후 1987년 민주화가 달성되기까지 약 15년에 걸친 민주화 투쟁과정은 김대중과 김영삼 등 민주화 운동을 주도한 두 명의 정치적 지도자를 중심으로 보스정치를 형성하고 강화시키면서 가신(家臣)정치라는 한국 대통령제의 인치(人治)적 경향을 태동시켰다. 오랜 민주화 투쟁과정에서 김대중, 김영삼 등 정치적 보스는 권위주의적 정권의 탄압에 맞서 정치적 지지세력을 친가족의 일원으로 대우하면서 끈끈한 동지애를 통해서 결합시키고, 이들의 헌신적인 노력을 바탕으로 후일 대통령의 자리에 오를 수 있었을 뿐만 아니라 이를 토대로 대통령 업무도 효과적으로 수행할 수 있었다.

이러한 역사적 현실의 흐름은 민주화 이후에도 대통령을 중심으로 한 권력행사가 투명하고 제도화된 경로를 통해서 이루어지기 보다는, 오랜 민주화 투쟁과정에서 대통령의 신임을 확보한 측근인물이나 소위 가신을 통해서, 혹은 대통령의 직계 후손을 비롯한 친인척을 중심으로 이루어지는 결과로 이어졌다. 이들 가신과 측근 혹은 혈육은 대통령의 인정과 친밀감을 토대로 해서 때로는 대통령의 의지와 의도에 기대기도 하고, 때로는 자신들의 자의적인 판단에 따라서 정상적이지 않은 경로를 통해서 권력을 행사하는 경우가 빈번히 나타나게 되었다. 그 결과 한국 대통령제가 법과 제도에 따라서 운영되는 것이 아니라, 대통령을 중심으로 권력관계를 형성하고 있는 가신과 측근에 의한 인치로 바뀌는 기형적인 대통령 중심제로 왜곡되기도 하였다.

이와 같은 측근 및 혈육에 의한 권력의 행사는 대통령 임기 중에 빈번히 발생하는 권력형 비리의 원인을 제공하기도 한다는 또 다른 문제를 야기한다. 즉 이러한 동지애, 가족주의 경향에 따른 대통령제의 왜곡은 양김 이후의 대통령제에도 전승되어 임기말년의 대형 권력형 비리를 낳으면서 차기 정권에 의한 정치보복의 빌미를 제공하게 되었다. 1997년 한보 대출 외압의혹 등과 연루되어 구속된 김영삼 대통령의 아들 김현철 사건, 2002년 체육복권 사업자 선정 청탁대가로 돈을 받은 혐의 등으로 구속된 김대중 전 대통령의 3남 김홍걸 관련 사건 등은 대통령의 친인척과 관련된 권력형 비리문제의 대표적인 사례이다. 이러한 비리사건은 대통령의 권력을 이용해서 정치적, 경제적 특혜 등을 받으려는 인물이나 집단이 대통령의 친인척에 접근해서 나타난 현상이다. 이러한 현상에서 볼 수 있듯이 민주화 이후 한국의 대통령은 현직의 경우나 은퇴 후 혈육이나 정치적 측근이 연루된 권력형 비리에서 자유로울 수 없었고, 대통령 퇴임 후 이러한 비리를 둘러싼 검찰조사나 새로운 정권의 정치보복성 조사로 인해 '행복한 전직 대통령'이 존재할 수 없는 원인이 되기도 하였다.[12]

II. 과거 부정의 대통령제와 축적적 발전의 부재

측근정치 혹은 가신정치 및 대통령과의 친분을 이용한 인치적 성향으로 인해 한국의 대통령제는 권력형 비리가 반복적으로 나타났고, 이러한 현상은 레임덕(lame-duck)이라고 불리는 대통령 임기 말에 이르러서는 빠른 속도로 언론에 폭로되면서 국민의 분노를 자아내곤 하였다. 민주화 이후에도 이러한 현상이 거의 예외 없이 반복되면서 대선을 통해서 새롭게 당선된 대통령은 본인이 원하든 혹은 원하지 않든지 간에 이러한 부정과 비리를 척결해야 하는 과제를 안게 되었다. 이 과정에서 지역 간 혹은 정당 간 반목현상이 생기는 것은 물론 전임 대통령의 치적사항이라고 할 수 있는 정책적 업

---

12) 제6공화국하의 5년 단임 대통령제나 후진적 정치문화, 그리고 새로운 정권에 의한 구정권과의 차별화가 권력형 비리와 관련하여 퇴임 대통령을 '불행한 전직 대통령'으로 만드는 주요한 원인으로 지적되고 있다("왜 '불행한 전직 대통령'은 있고 '행복한 전직 대통령'은 없나?"(『중앙일보』, 05/05/25)).

적까지 부정해야 하는 부담 혹은 의무감을 느낄 수밖에 없게 되었다. 이러한 상황에서 과거의 정책적 오류에 대한 시정과 비리에 대한 척결은 실제로는 이를 빙자한 정치보복적인 성격을 띠는 경우도 있을 뿐만 아니라, 전임 대통령의 성과마저 일거에 무의미한 것으로 만드는 소모적인 대통령제가 반복되기도 하였다.

최고권력자인 대통령 한 사람의 권력이 매우 크고 그의 철학과 정책적 비전이 임기동안 행정부의 인사과정과 국가정책이 깊이 반영된 나머지, 의회제와 달리 대통령제라는 권력구조하에서 새로 취임하는 대통령은 정책적 연속성을 추구하기보다는 자신의 권력기반을 빠른 시간 내에 구축하기 위해서 구(舊)정권과의 정책적 단절과 이를 위한 대대적인 인사개혁에 착수하는 경향이 강하다. 또한 자신의 임기 동안 여당의원들을 적극적으로 통제하고 대통령에 대한 이들의 적극적인 충성과 협력을 얻어내기 위해서 전(前)정권에 대한 징계적 조치를 강구하기도 한다. 이와 관련하여 대통령은 과도할 정도로 과거 정권의 정책적 실수와 정치적 능력부족을 강조하면서 구정권과 거리감을 두고 이를 타도의 대상으로 삼는 강한 유혹에 빠지게 된다. 신임 대통령의 이러한 '부정(否定)의 정치(politics of 'undo')'에 대해서 불만을 느낀 전임 대통령은 퇴임 이후 현직 대통령에 대한 반대 여론동원의 선봉장이 되기도 한다.

그러나 전임 대통령의 치적을 부정하는 새 집권세력의 노력은 구 집권세력의 불만을 증폭시키고 저항을 야기하면서 신·구세력 간의 긴장을 불러오는 경우가 많고, 이러한 긴장이 지속될 경우 새로운 정부의 국정운영은 대통령 임기 동안 잠재적 혹은 현실화된 갈등으로 어려움에 봉착할 가능성이 크다. 그 결과 과거 부정의 정치는 실제로 정책적인 연속과 추가적인 투자가 필요한 분야에서 이를 불가능하게 함으로써 국론의 분열이나 국가적 소실을 초래하는 경우가 많다. 이 과정에서 정책의 연속성은 사라지고 제로섬적인 갈등만이 지속적으로 노정되어 역대 대통령들이 쌓아놓은 업적을 발전적으로 계승시켜 나가기가 어렵게 되는 경우가 많다. 지방분권화와 관련하여 노무현 대통령 당시 추진되었던 세종시 건설을 백지화하려는 이명박 행정부의 노력이 심지어 여당 내에서 친박세력과 친이세력의 갈등을 불러왔음은 물론, 야당 및 충청도민의 강력한 반발 속에 좌초된 것은 전임 대통령이 추진해 온 정책을 역전시키려할 때 나타날 수 있는 여러 가지 부작용을 잘 보여준 것이라고 할수 있다.

III. 대통령화된 정치과정

1. 대통령 선거용 정당으로의 정당의 변질

한국 대통령제가 민주주의의 심화과정에 장애물을 제공하고 있는 또 다른 원인은 전반적인 정치과정의 과도한 대통령화(presidentialization) 현상이라고 할 수 있다. 이 가운데 이 글이 지적하고자 하는 정치과정 대통령화의 부정적 측면은 대선 국면에서 정당이 대통령 선거용 정당으로 변모한다는 점과, 이후 의회정치의 운영에 있어서 대통령 입법의제의 포괄적인 지배현상이다. 대통령제 권력구조를 채택한 나라에서 대통령 선거가 다른 어떤 선거보다도 중요하기 때문에 국민과 정치인의 일차적인 관심을 끌기에 충분하고, 대통령 선거 이후 대통령의 입법의제가 의회정치의 최우선 순위를 차지한다는 점에 대해서 특별히 이의를 제기하거나 문제시할 필요는 없다. 문제는 대선과 관련된 정당정치의 변질이며, 대선이후 입법과정에서 의회의 자율적인 의제설정 능력이 제한되고 있다는 점이다.

대통령 선거와 관련된 한국 정당의 고질적인 문제는 선거시기가 다가옴에 따라 유력한 대선주자를 중심으로 정당이 빈번한 이합집산을 거듭하며, 또한 이렇게 형성된 정당 소속 정치인들이 의정활동을 소홀히 하고 유력 대선주자를 중심으로 한 선거캠프에 참여함으로써 국회 입법과정이 부실해지는 문제라고 할 수 있다. 지난 역대 대통령 선거를 보면 다수의 정치인이 유력 대선후보를 중심으로 경쟁적인 당내세력을 형성하거나 정당 간의 대립을 통해서 서로 극심하게 반목하여 왔다. 이 와중에 국회의원들은 선거캠프에 참가하여 특정 후보를 옹호하고 상대방 후보진영을 공격하는 일에 몰두한 나머지, 의정활동을 통해 민의를 수렴하고 민생을 돌보는 일은 상대적으로 등한시하였다. 뿐만 아니라 대선 시기마다 빈번했던 정치세력의 이합집산 역시 유력한 후보를 만들어내기 위한 정계개편이었지, 기존정당과의 정책적 이견이나 새로운 정책을 구현하는 정치세력의 규합을 위해서 새로운 정당을 구성하거나 정당을 통합하고자 한 것은 결코 아니었다.[13] 이와 같이 한국정치의 대선과정에서 각 정당은 유력 대통령 후보를 만들어 내기 위한 선거용 정당으로

---

13) 한국정당의 이합집산의 역사와 그 원인을 분석한 글로는 곽진영(2009)을 참조하기 바란다.

전락하였을 뿐만 아니라, 의정활동은 선거과정이 치열해지는 정도에 비례해서 부실해졌고 그 불이익은 고스란히 국민의 몫이 될 수밖에 없었다.

2. 대통령 정책어젠다의 국회 지배

한편 대통령 정책 어젠다의 의회정치 지배 역시 권력분립과 견제와 균형의 원칙을 훼손하면서 한국 의회정치의 과도한 대통령화 현상에 일조하고 있다. 이러한 현상은 한국 의회정치가 행정부로부터 분리되어 독자적인 정책결정 능력을 구비하지 못하고 여당을 매개로 대통령의 정책 어젠다를 맹목적으로 입법의제로 수용한다는 특징과 관련되어 있다.[14] 대통령은 총선 공천권 행사에 대한 비공식적인 영향력, 다양한 행정부서의 장을 임명할 수 있는 인사권, 그리고 지역개발사업 선정에 대한 영향력 행사를 바탕으로 여당 지도부와 여당의원에 대해서 통제력을 행사하면서, 이를 통해서 자신이 가장 중요하게 생각하는 정책 어젠다의 입법화에 주력하게 된다.

노무현 대통령 당시 등장한 행정수도 이전이나 전시작전권 환수, 보안법 및 사학법 개정과정이나, 이명박 대통령 등장 이후 추진된 4대강 사업, 신문법 및 방송법 개정, 행정수도 건설 철회 등과 관련된 국회 내의 여야 간 첨예한 대립은 이들 정책 어젠다가 대통령의 의지와 의도를 담고 있다는 측면에서 여야 간 강한 대립을 불러온 것

---

14) 제17대 대통령 선거 이후 한나라당의 분파정치의 등장에서 목격된 바와 같이 여당 내 두 개 이상의 분파 간 대립으로 인해 대통령의 여당장악력이 떨어질 경우 대통령의 의회정치 입법의제 지배력은 약화될 수 있다는 점도 고려되어야 한다.

도 사실이었다. 대통령의 강한 추진의지가 담긴 정책 어젠다에 대해서 여당 지도부와 의원들은 자신들의 독자적인 의견을 개진할 수 없게 되며, 이에 비례하여 의회의 자율성은 상대적으로 줄어들게 되며 야당과의 대립은 더욱 격화되기에 이르기 일쑤였다. 대통령은 이러한 자신의 정책 어젠다를 구현하는 입법의제가 자신의 공약사항임을 강조하면서 이것이 입법화되지 않을 경우 대통령으로서의 권위가 실추될 것을 우려해서 여당에 대해서 신속한 입법화를 요구하게 되고, 국회 내 여당 지도부는 의회 차원의 충분한 검토나 야당이 수용할 수 있는 대안에 대한 논의를 생략한 채 입법을 무리하게 추진하면서 의회 정치는 정당 간 갈등의 장소로 전락하게 되고 의회정치의 자율성을 위축되기에 이르게 되었다.[15]

이러한 과정이 의회 내의 충분한 논의와 여론의 수렴 없이 지나치게 빠른 속도로 진행되는 경우, 의회 내 야당은 입법과정을 보이코트하고 의사당에서 농성을 벌이거나 길거리에서 가두시위를 벌이기도 하였다(김주찬, 이시원 2005). 야당의 주장에 동조하는 시민단체와 그 밖의 사회운동단체들이 이들과 연대하게 되면서 길거리에서의 비제도권 정치가 확산되는 현상이 빈번하였다는 사실은 더 이상 새로운 현상이 아니었다.

---

15) 국회에 대한 태도에 있어서 한국 대통령이 일방주의적 경향을 보이는 것은 소위 위임권한 주장적 대통령제(delegative presidency)에 의해서도 설명이 가능하다. 미국과 비교해 볼 때 한국의 대통령은 국민의 직접선거를 통해서 당선됨으로써 국민으로부터 권한을 위임받았다고 주장하면서 상대적으로 더욱 국민투표제적 (plebiscitary)이고 대중주의적(populistic)인 경향을 보일 수 있다. 대통령제의 위임권한 주장적 경향이 지니는 문제점과, 이를 견제할 수 있는 방법으로서 수평적 책임성의 제고를 논의한 글로는 O'Donnell(1998)을 참조하기 바란다. 한편 한국 대통령제의 위임권한 주장적 경향에 대해서 일부 논의를 전개한 글로는 Im(2004)을 참조하기 바란다.

지금까지 이 장에서는 대통령 중심제적 대통령제라는 개념을 중심으로 민주주의 공고화 이후 한국 대통령제의 문제점을 지적해 보았다. 이 장에서 지적된 대통령제의 문제점 가운데 많은 부분, 특히 예산권과 인사권의 집중, 그리고 대통령화된 정치과정의 문제 등은 직·간접적으로 대통령과 함께 국정을 책임지는 국회와 국회의 주요한 행위주체로서 정당과 관련되어 있는 사항들이다. 따라서 한국 민주주의의 문제점의 전체상을 보다 효과적으로 조망하기 위해서는 이러한 대통령제와 밀접하게 상호작용하면서 대통령제의 문제점을 바로 느끼고 고민하는 한국 국회와 정당의 문제점에 관한 검토가 필수적이다. 이를 위해서 다음 장에서는 먼저 민주화 이후 우리 국회가 보여 온 다양한 문제점을 포괄적으로 검토해 보고자 한다.

제3장

제한적 자율성과 정책능력을 가진 국회

강한 '대통령 중심제적 대통령제'의 오랜 전통은 정치과정에서 국회의 역할을 축소시켰고, 이로 인해서 국회의 헌법상 기능과 역할은 제대로 수행되지 못했다. 강한 대통령은 국회를 대등한 정치 파트너로 인정하고 대화와 타협을 통해서 설득하려고 하기보다는, 오히려 국회를 지배하고 국회 위에 군림하고자 하였다. 이러한 대통령의 노력은 대통령이 소속된 정당이 국회에서 다수당 지위를 차지하지 못할 경우 합당이나 정당연합 등 인위적인 정계개편을 통해 인위적으로 다수당을 만들어내는 것으로 나타났다. 그 결과 여당과 야당 간의 양극적 대립으로 인해서 국회가 입법활동과 행정부 감독활동을 제대로 수행하지 못하는 교착상태에 빠지는 경우가 빈번하였다.

이로 인해서 1987년 민주화 이후로 한국정치의 전반적인 발전에도 불구하고, 의회정치는 과거 권위주의 시절의 유산과 행태가 가장 많이 잔존하여 민주주의 심화를 저해하는 영역으로 비판받아 왔다. 승자독식의 국회운영 원리에 따라 여당이 전횡을 행사하던 이전의 권위주의 시기에 비교하면, 민주화 이후 협의적인 국회운영으로 인해서 야당의 영향력이 강화되었음에도 불구하고 폭력적인 의사파행과 이로 인한 입법교착은 여전히 반복되고 있다. 의사당 내의 폭력사태로 인해 "한국은 의회난투극 분야에서 세계 최고이며, 한국의 민주주의는 종합격투기를 통해서 이루어진다(*Foreign Policy* 09/9/15)"[16]는 외국 언론의 조롱을 듣는 지경에 이르렀다. 한국 국회는 대만, 우크라이나 등의 의회와 함께 세계에서 가장 무질서한 의회로 손꼽히는 불명예를 안게 된 것이다.

이와 같은 국회의 모습은 과연 한국이 세계 20위권의 '완전 민주주의(full democracy)'[17]를 구현하고 있다고 볼 수 있는가라는 의문과 함께, 앞으로 한국의 민주주의의 심화과정에서 의회정치의 저발전이 장애물이 될 것이라는 우려를 낳고 있다. 이런 우려를 낳게 하는 국회의 모습으로는 잦은 입법교착과 의사파행으로 인한 입법활동 부실화, 취약한 행정부감독 및 견제기능, 제한적인 국가재정 통제권 등을 들 수 있다. 다음에서는 이와 같은 문제와 관련된 다양한 측면들을 하나씩 살펴보기로 한다.

---

16) *Foreign Policy*(2009/9/15) "The World's Most Unruly Parliaments"(http://www. foreignpolicy.com/articles/2009/09/15/the_worlds_most_unruly_parliaments).

17) 영국의 EIU는 2년마다 세계 160여 개 국가의 민주주의 지수를 발표하고 있는데, 한국의 민주주의 지수는 2006년 세계 31위의 "불완전한 민주주의(Flawed Democracy)" 국가에서 2008년 세계 28위의 "완전 민주주의(Full Democracy)" 국가로 올라섰으며, 2010년에는 세계 20위의 완전민주주의 국가로 평가받았다. The EIU, "Democracy Index 2010"(http://graphics.eiu.com/PDF/Democracy_Index_2010_web.pdf).

I. 입법교착으로 인한 입법활동의 부실화

1. 원내 입법갈등 해결방식에 대한 합의 부재

권위주의 정권시기에 대통령의 소속정당은 국회에서 항상 과반 의석을 차지하였고, 국회운영의 기본원칙은 다수제였다. 모든 상임 위원장직은 다수당이 독식하였으며, 의사일정이나 입법의제의 상정 역시 다수당이 주도하였다. 그러나 1988년 개원한 제13대 국회부터 '원내교섭단체 대표의원간 협의'를 통해서 국회운영의 기본적인 사항이 결정되기 시작하면서, 국회운영의 기본원리는 다수제에서 협의제로 바뀌었다.[18] 교섭단체 간 협의대상에는 본회의 개의시간 변경에서부터 회의에 상정할 안건과 안건의 처리여부까지 포함된다. 이와 같은 협의제적인 방식은 원내교섭단체들이 국회의 집합적 의사결정에 참여할 수 있는 기회를 보장한다는 점에서 이전보다 민주성과 대표성이 제고된 의사결정 방식이라고 할 수 있다.

그런데 현행 원내교섭단체 구성요건인 20석 이상만 확보하면 150석을 가진 정당과 그 절반인 75석을 가진 정당이나 모두 대등한 협상 파트너가 된다는 점에서 협의제적 의사결정방식은 최종적인 의사결정 방식으로서 다수주의를 무력화시킬 수 있는 문제점이 내재

---

18) 현재 국회운영의 기본원리와 관련해서 '합의제'와 '협의제'가 혼용되어 사용되고 있다. 현재 국회법에 따르면 국회운영과 관련된 주요결정은 국회의장이 교섭단체 대표와 '협의'하여 결정하도록 되어 있으며, 협의가 안 될 경우 제도적으로는 국회의장이 직권으로 결정할 수 있다는 점에서 엄밀히 정의하면 '협의제적 운영원리'가 맞는 표현이다.

되어 있다. 본회의나 상임위원회의 안건상정이나 처리와 관련하여 교섭단체간 협의가 이루어지지 못하면, 국회법이 규정하고 있는 의사절차에 따라서 의사결정이 이루어지지 않게 되고 국회는 입법교착 상태에 빠졌다. 특히 쟁점법안의 경우 소수당은 법안의 위원회 상정 자체를 막기 위해서 회의장을 점거하는 등 물리적인 저지에 나섰고, 다수당은 다수주의를 내세워 단독입법을 추진하면서 원내 정당 간 물리적 충돌에 이르는 것이 전형적인 국회파행의 양상이었다. 쟁점법안이 여당 단독으로 강행 처리되고 나면, 정국은 급격하게 경색되고, 야당은 '거리의 정치'로 뛰어들면서 국회는 공전되기 일쑤였다.

그런데 실제로는 국회 입법교착과 의사파행은 민주화 이후 나타난 새로운 현상만은 아니었다. 과거 권위주의 정권하에서 다수주의에 따라서 여당이 국회를 독단적으로 운영하던 시기에도 야당은 회의장 점거와 같은 물리적인 수단을 동원해서 반대의사를 표명한 경우가 종종 있었다(박찬욱 1992). 그러나 입법교착과 물리적 충돌의 빈도는 민주화 이후로 훨씬 잦아졌다. 이에 대해서 국회가 비로소 정당들의 경쟁의 장으로서 기능하고 있음을 보여주는 것이며, 야당의 역할이 과거에 비해서 강력해졌음을 나타내 주는 하나의 지표로 볼 수도 있다는 주장도 제기된 바 있다(박찬표 2002).

물론 이러한 주장이 지적하는 것처럼 민주화 이후 입법교착 상태가 빈번해지고 그 정도가 심화된 것은 국회가 다양한 사회경제적 이익갈등이 표출되고 경쟁하는 무대로서 제 기능을 다하게 되었음을 나타내는 증거일 수도 있다. 또한 입법과정에서 경쟁하는 이익을 대표하는 정당의 대립으로 인해 입법교착에 빠지는 것이 그 자체로서 심대한 문제가 되는 것은 아닐 수도 있다.

한국 민주주의의 심화와 관련하여 보다 심각하고 본질적인 문제는 우리 국회가 정해진 규칙과 절차에 따라 입법교착을 타개하고 원내갈등을 해결해 나갈 수 있는 역량을 갖추고 있지 못하다는 점에 있다. 민주화 이후 국민들의 참여의식과 정치에 대한 기대가 높아지고, 노사갈등이나 이념갈등, 지역갈등 등 다양한 사회경제적 갈등이 분출되면서 국회의 갈등조정 및 통합기능의 중요성은 더욱 커졌다는 점은 주지의 사실이다. 그러나 원내정당들은 입법과정의 핵심인 토론과 숙의를 통해서 서로 양보하고 타협하면서 입법갈등을 조정하려고 노력하기보다는, 자신들의 정파적 입장만을 관철하고자 함으로써 오히려 정당 간 갈등을 증폭시켜 왔다. 입법교착 상태를 어떻게 적절히 타개하고 국회가 집합적 의사결정에 원만히 도달할 것인가에 대해 원내정당들 간에 합의를 도출할 묘책이 당장 찾아지지 않는다는 점이 민주주주의 심화와 관련된 한국 대의민주주의의 발전을 심각하게 위협하고 있는 것이다.

2. 국회의장 직권상정을 통한 대통령 정책어젠다의 입법

국회가 통법부의 기능밖에 하지 못하던 과거 권위주의 시절에는 대통령이 국회의 입법의제를 주도하였고, 대통령의 정책어젠다가 입법에 실패하는 경우는 사실상 거의 없었다. 즉 권위주의 시기의 대통령은 행정권력뿐만 아니라, 사실상 입법권력까지도 상당 부분 장악하고 있었던 것이다. 이를 가능하게 했던 정치적 조건은 항상 국회 과반의석을 차지하는 여당과, 그 누구보다도 앞장서서 여당의 이익을 대변하려는 국회의장의 존재였다.

그런데 민주화 이후로도 오랜 '대통령 중심제적 대통령제'[19]의 전통으로 인해 대통령은 국회를 대등한 국정파트너로 인정하지 않았고, 대통령의 정책어젠다가 국회에서 논의되는 방식은 국회를 설득하고 협조를 구하는 방식보다는 여당을 통해 일방적으로 입법을 추진하는 방식이었다. 이를 위해서는 국회에서 여당이 과반의석을 확보하는 것이 필수적이었기 때문에, 민주화 이후의 시기에도 총선결과 대통령의 여당이 과반의석을 확보하지 못하면 집권세력은 합당이나 의원영입, 정당연합 등을 통해서라도 과반의석을 확보하려고 필사적으로 노력하였던 것이다.

한편 민주화 이후로도 국회의장을 사실상 대통령이 내정하는 관행이 상당기간 지속되면서 대통령의 현재적 혹은 암묵적인 정치적의지와 의사는 의장이 국회를 운영하는 과정에서 상당한 영향력을 행사해 왔다. 여당 단독의 법안상정과 소위 법안 날치기 처리와 같은 파행적인 국회운영에서 국회의장이 주도적인 역할을 하면서 국회의장의 정파적인 국회운영이 입법과정의 민주화를 가로막는 문제점으로 지적되자, 이를 방지하기 위해서 국회는 2002년부터 국회의장의 당적이탈을 의무화하였다. 그러나 아직까지도 여야대립의정쟁상황에서 국회의장이 중립적 중재자로서 기능한다고 보기는 어려운데, 그 근거로 들 수 있는 것이 국회의장 직권상정 권한의 운영현황이다.

다수당의 단독입법 추진과 소수당의 물리적 저지로 인해 입법과정이 교착상태에 빠졌을 때 이를 타개할 수 있는 수단이 바로 국회

---

19) 대통령 중심제적 대통령제와 관련해서는 이 책의 제2장 "'대통령 중심제'적 대통령제의 문제"를 참조하기 바란다.

의장의 직권상정 권한이다.[20] 국회의장은 위원회 심사단계에서 원내갈등으로 입법이 지연되고 있는 쟁점법안을 자신의 직권으로 본회의에 회부할 수 있다. 이 제도의 장점은 상임위원회 심사단계에서 야당의 입법지연 및 의사진행 방해노력으로 인한 입법교착 상태를 타개하고 법안의 신속처리를 도모할 수 있는 사실상 유일한 수단이라는 점이다. 반면, 상임위원회 중심주의를 채택하고 있는 우리 국회의 입법과정에서 법안심사가 사실상 상임위원회를 중심으로 이루어지는데도 불구하고, 직권상정제도는 상임위원회 심사를 합법적으로 우회할 수 있는 권한을 국회의장에게 부여함으로써 부실하게 심사된 법안의 신속입법을 제도적으로 가능하게 하고 있다는 문제도 있다.

국회의장 직권상정권한의 실제운영 현황을 통해서 볼 때, 국회의장의 직권상정 권한은 여당이 대통령의 정책어젠다를 신속하게 입법하기 위한 수단으로 활용되었음을 알 수 있다. 특히 여야 간 대립이 격화되고 입법교착이 빈번해진 제17대 국회와 제18대 국회에서는 쟁점법안이 처리될 때마다 국회의장의 직권상정권한이 행사된다는 특징이 드러나고 있다. 직권상정을 통해서 처리된 법안은 대부분 대통령의 정책어젠다를 입법화하려는 법안이었으며,[21] 직권상

---

20) 이 권한의 법적 근거는 국회법 제85조에서 규정하고 있는 '심사기간 지정제도'이다. 즉 동 조항에 의하면 국회의장은 위원회에 회부된 법안에 대해 심사기간을 지정할 수 있고, 이 기간 내에 위원회가 뚜렷한 이유 없이 심사를 마치지 않으면 법안을 바로 본회의에 부의할 수 있다.

21) 제17대 국회에서 노무현 대통령의 정책의제였던 소위 과거사 청산법, 사립학교법, 종합부동산세법, 국가균형발전특별법 등이 국회의장의 직권상정을 통해서 통과되었다. 제18대 국회에서는 이명박 대통령 주도의 정책의제인 소위 '4대강 입법'으로 불리는 친수구역활용법·하천법과 신문법, 방송법 등 언론관계법이 국회의장 직권상정을 통해서 처리되었다.

정된 법안의 93%는 단점정부라는, 대통령에게는 불리한 정치적 환경에서 통과된 것이었다(전진영 2011). 또한 의장이 심사기한을 지정할 경우 사실상 소관 위원회가 심사할 수 있는 기간을 확보해 주지 않았다는 점 등에서 볼 때, 국회의장의 법안 직권상정을 단순히 입법교착 타개를 위한 '구국의 결단'으로 평가하기에는 어려움이 있다. 결국 '국회의장의 당적이탈 의무화' 규정 제도화 등의 방식을 통해서 국회의장의 정치적 중립을 확보하고자 노력한다 해도, 강력한 대통령이 국정전반을 장악하고 있고 국회가 행정부에 대해서 정책자율성을 갖고 있지 못한 상황이 변하지 않는 한, 국회의장이 실질적 입법 중립성을 확보하고 국회의 입법과정이 자율적인 정치과정으로서 기능하기란 쉽지 않을 것이다.

삼권분립을 원칙으로 하는 대통령제에서 입법권력은 의회에 속한다는 기본적인 권력구조적 특성에도 불구하고 입법과정에서 대통령의 영향력은 배제할 수 없는 중요한 요인이다. 한국과 같은 강력한 대통령제 국가에서 대통령의 정책어젠다가 입법과정에서 정치적 논쟁의 중심에 서는 것은 불가피할 수 있다. 국회는 대통령의 정책제안일수록 입법의 타당성을 신중하게 검토해야만 '행정부 견제'라는 국회 본연의 기능을 수행할 수 있을 것이다. 그러나 대통령 정책어젠다의 입법과정에서 국회의장을 비롯한 여당 지도부와 의원들은 야당과의 협의절차를 생략한 채 신속한 입법을 추진한다는 점은 아직도 국회와 대통령의 관계가 대등한 국정파트너로서 자리잡고 있지 못하고 있음을 잘 보여주는 것이다.

3. 국회의원의 입법자율성을 제한하는 강한 정당기율

국회의 반복적 의사파행을 가능하게 하는 중요한 배경으로는 강한 정당기율을 빼놓을 수 없다. 여당 단독의 회의소집, 야당의 물리적 저지와 충돌, 야당의 의사일정 거부로 인한 국회파행의 주인공은 당의 지침에 따라 일사분란하게 움직이는 국회의원이다. 여당의원은 집권당이 주도하는 법안의 입법을 위해서라면 본회의 단상에 몸을 던져서라도 법안처리를 관철하려고 하고, 야당의원은 당 지도부의 지시가 있을 경우 단 한 사람도 본회의 표결에 참여하지 않는 높은 정당응집성을 보여준다. 야당이 본회의 표결거부를 여당의 입법에 대한 반대의 수단으로 활용하는 행태는 제18대 국회에서도 두드러졌다. 제18대 국회 전반기 본회의 표결을 살펴보면 민주당은 27.3%, 민주노동당은 37.6%의 법안에서 소속의원들 전원이 본회의 표결을 보이콧하였다(전진영 2010).

국회 원내정당의 강한 정당기율은 정당응집성 분석결과에서 확인할 수 있다. 본회의 표결에서 각 정당이 얼마나 응집력 있는 단위로 행동하는지를 보여주는 라이스 지수(Rice Index)[22]에 따르면 우리 국회 원내정당의 응집성은 0.99에 육박할 정도로 높다. 강한 정당기율뿐만 아니라, 상임위원회 심사단계에서 원내정당 간 협의가 이루어진 사항은 본회의에서 특별한 이견이 없이 처리하는 입법관

---

22) 라이스 지수는 정당 내 과반수 이상이 지지하는 입장에 찬성한 의원들의 정당 내 비율과 정당 내 소수가 지지한 입장에 찬성한 의원들의 정당 내 구성비율 간의 차이를 구한 값이다. 법안에 대해 특정 정당 소속의원 전원이 찬성하거나 전원이 반대할 경우 정당응집성은 1이 되고, 동일정당 소속의원 중 찬성의원과 반대의원이 똑같은 규모로 갈리면 정당응집성은 0이 된다(Rice 1925).

행 역시 높은 정당응집성을 야기하는 요인으로 작용하는 것 또한 사실이다. 상임위원회 심사과정을 통과한 법안은 원내 교섭단체간 합의가 이루어진 경우가 대부분이기 때문에 본회의에서 부결되는 경우가 거의 없고, 쟁점법안의 처리에는 강한 정당기율이 작동하는 것이 일반적이어서, 국회의원이 본회의 표결단계에서 당론과 반대되는 의견을 표출하기란 쉽지 않은 것이다.

대의정치의 책임성과 안정성을 위해서 정당의 목적과 정강에 소속의원들이 동의해야 한다는 규범적 의미에서 일정 정도의 정당기율은 필수불가결하다(Bowler, Farrell and Katz 1999). 정당기율이 너무 낮은 정당은 정당의 응집력이 떨어져서 정당으로서 제대로 기능한다고 보기 어렵기 때문이다. 특히 의회의 다수당이 내각을 구성하는 의회제 국가의 경우 내각의 존속이 의회의 신임에 의존하기 때문에, 정당응집성은 정권의 존속과 안정을 위해서 필수적이다. 그러나 한국과 같은 대통령제의 경우 의원제 국가에서처럼 내각의 존속여부가 의회의 신임에 의존하는 것도 아닌데, 정당의 당론이 국회의원의 입법자율성을 지나치게 구속하는 방식으로 강요되고 강제되는 현상은 바람직하지 않다. 특히 강한 정당기율이 책임정당 정치를 위한 수단으로 활용되기 보다는 여야 정당 간의 정쟁을 증폭시키는 데 기여하는 한국의 정치상황에서는 더욱 그렇다.

원내정당이 국회의원의 입법권을 지나치게 구속한다는 비판에 따라 2002년 국회법에 "의원은 국민의 대표로서 소속정당의 의사에 기속(羈束)되지 않고 양심에 따라 투표한다(국회법 제114조의2)"는 조문을 신설하였다. 그러나 아무리 국회법 조문을 개정한다고 하여도, 강한 정당기율을 야기하는 구조적인 정치환경이 변하지 않는 한 강한 정당기율이 의원의 입법자율성을 제한하는 현상은 여

전히 지속될 것이다.[23]

II. 취약한 행정부 감독 및 견제기능

1. 형식적인 국정감사와 정쟁의 수단으로 전락한 국정조사

입법기능과 함께 국회의 중요한 기능이 행정부의 정책집행을 감독하는 것이다. 국회가 행정부를 감독하기 위한 구체적인 수단으로는 행정부의 정책집행에 대한 감사 및 조사권, 대통령의 고위공직자 임명동의권, 그리고 정부가 제출한 예산안에 대한 심의·의결권 등이 있다. 그중에서도 국정감사제도와 국정조사제도는 국회가 행정부를 견제하고 감독하기 위한 대표적인 수단이다. 외국의 경우 의회의 국정감사활동은 상시적으로 이루어지는 것이 일반적인데, 우리나라의 국정감사제도는 매년 정기국회 개원 직후 20일간 집중적으로 실시된다는 점이 특징적이다.

한국의 정치사에서 제1공화국 국회를 비롯하여 국회의 행정부 감독활동이 나름대로 활발했던 시기도 있었지만, 행정부 주도의 오랜

---

23) 이를 잘 보여주는 사례가 2011년 4월 외교통상통일위원회의 한-EU(유럽연합) 자유무역협정(FTA) 비준동의안 처리과정이다. 한나라당은 이를 강행처리하려 했지만 자당 소속 홍정욱 의원의 기권으로 비준동의안 처리가 무산되었다. 이에 대해서 언론은 "이미지 관리를 위한 이기적 행동"이라고 비판하였다(『중앙일보』, 11/04/18). 이 사례는 '소속 정당의 의사에 기속되지 않고 양심에 따라 투표' 하는 것이 여전히 의원에게는 쉽지 않은 선택임을 단적으로 보여준다.

발전국가 시기의 장기적 존속은 국회의 행정부 견제기능을 상당히 약화시켰다. 1972년의 유신헌법을 통해서 폐지된 국정감사제도가 1987년 개헌을 통해서 재도입되었지만, 여전히 국회가 행정부 감독 기능을 활발히 수행된다고 하기는 어려운 실정이다. 그 가장 큰 원인으로는 국정감사가 매년 1회 '이벤트'성으로 진행된다는 점을 들 수 있다. 또한 20일의 짧은 기간 동안 500여 개에 이르는 피감기관에 대한 감사가 동시다발적으로 실시되기 때문에 감사의 실효성을 확보하기란 사실상 어렵다.

국정감사는 본질적으로 국회가 행정부를 견제하는 활동임에도 불구하고, 정부-여당 대 야당의 대립구도에서 정파적으로 실시되면서 국정감사는 또 다른 정쟁의 도구로 전락하고 있다는 점도 문제점으로 지적할 수 있다. 특히 대통령 선거를 앞둔 시기에 실시되는 국정감사의 경우 행정부의 정책활동에 대한 감사라기보다는 여야 후보자를 둘러싼 정쟁의 수단으로 이용되는 경우가 빈번하다. 이로 인해 국정감사가 정부정책에 대한 비판이나 대안제시의 장으로 활용되지 못하고, 결국 '한건주의,' '폭로'가 횡행하는 자리가 됨으로써 국정감사 무용론도 제기되고 있는 실정이다.

또한 빡빡한 국감일정에 따른 주마간산(走馬看山)식 감사와 피감기관의 불성실한 자료제출, 증인의 출석거부와 이에 대한 고발 등은 해마다 국정감사에서 반복되고 있는 양상이다. 행정부가 국회에 대해 자료제출을 거부하고, 국회가 채택한 증인이 출석을 거부하는 일이 반복되는 현상은 행정부 감독기관으로서 국회의 권위가 아직도 취약하다는 점을 반영한다.

국회의 국정감사권이 전반적인 국정사안에 대한 정기적인 감사권이라면, 국정조사권은 '특정한 국정사안'이 발생했을 때 재적의

원 4분의 1이상의 요구가 있을 경우 조사할 수 있는 권한이다. 국정 조사는 소관 상임위원회나 조사특별위원회를 구성하여 실시되고 있는데, 1995년 이후로는 모두 국정조사특별위원회를 구성하였다. 그런데 특별위원회는 활동기한이 정해져 있고, 한시적으로 운영되기 때문에 조사결과에 대한 사후관리가 어렵다는 문제점이 있다.

국정조사와 관련해서 가장 큰 문제는 국정조사의 실시여부와 증인채택이라는 기본적인 사항에서부터 여야 정당 간에 합의가 되지 않는다는 점이다. 즉 여야 정당 간의 정파적인 대립이 국정조사활동의 개시 자체를 막고 있으며, 국정조사가 시작되는 경우에도 국정조사 결과보고서의 채택을 놓고 합의가 되지 않아서 보고서 채택이 무산되는 경우가 빈발하고 있다. 1988년 이후로 국회에 제출된 국정조사 실시요구 중에서 실제로 국정조사활동이 이루어지고 최종적인 조사결과보고서가 채택되는 경우는 13.1%밖에 되지 않으며, 국정조사요구서의 85%는 임기만료로 폐기되었다는 사실은 국회의 취약한 정책집행 감독기능을 잘 보여주는 것이다.[24]

2. 대통령 인사권에 대한 국회 견제의 한계

일반적으로 대통령제 국가에서 의회의 인사청문제도는 입법·사

---

24) 행정부 감독활동이 활발한 미국의회의 경우 우리나라의 국정조사활동에 비견할 만한 것이 위원회의 조사청문회 활동이다. 예를 들어, 2010년 토요타자동차 급발진 사태를 조사하기 위한 조사청문회만도 상하원을 합쳐서 4차례 실시되었는데, 정부관계자뿐만 아니라 토요타자동차 본사사장까지 소환해서 철저하게 조사한 후 조사보고서를 발표하였다. 이는 국회의 국정조사 착수 자체가 어려운 우리 국회와 비교해 보면 매우 대조적이다.

법·행정 3부 간 '견제와 균형'의 원리를 구현하는 하나의 수단으로 기능한다. 의회는 인사청문제도를 통해서 대통령의 인사권과 사법부의 구성을 견제하는 것이다. 우리나라 국회에 인사청문제도가 도입된 것은 2000년으로, 제도 시행의 역사가 10여 년에 불과하다. 따라서 과연 국회 인사청문제도가 대통령의 인사권 견제와 고위공직 후보자의 자질 검증이라는 제도 도입의 취지대로 잘 운영되고 있는지를 평가하기에 이른 감이 있지만, 국회의 '행정부 견제활동'의 현주소를 평가하기 위해서는 반드시 짚고 넘어가지 않을 수 없는 부분이다.

국회 인사청문제도가 처음 도입될 당시 인사청문 대상이 되는 공직은 헌법에 의하여 국회의 임명동의를 요하는 대법원장, 헌법재판소장, 국무총리, 감사원장 및 대법관 등으로 제한되었다. 이후 인사청문대상이 되는 공직의 범위는 국무위원, 합동참모의장, 방송통신위원회 위원장 등으로 확대되었다. 총 57개의 공직이 국회 인사청문 대상이다. 한국은행총재나 금융위원장과 같이 국가의 거시경제 정책결정과정에서 핵심적인 역할을 하는 직위에 대해서도 인사청문회를 실시해야 한다는 주장이 제기되면서 2012년 2월 법 개정을 통해 한국은행총재, 금융위원장, 공정거래위원장, 국가인권위원장이 인사청문 대상에 포함되었다.

국회 인사청문 대상이 되는 공직이라고 하더라도 모두 대통령의 인사권이 인사청문 결과에 의해 구속되는 것은 아니다. 헌법에 의해 국회의 임명동의가 필요한 대법원장, 감사원장, 국무총리 등의 경우에는 국회가 임명동의안을 부결시키면 대통령은 다른 후보를 추천해야 한다. 그러나 국무위원 등 법률에 근거하여 인사청문을 실시하는 공직후보자의 경우 국회의 임명동의와 무관하게 대통령은 후보자 임명을 강행할 수 있다. 인사청문회 실시 이후 헌법에서 국회동의를 받아 임명하도록 되어 있는 공직의 국회인준율은 89.3%였고, 법률에 의해 인사청문 실시가 요구되는 공직의 경우 인사청문 경과보고서가 채택된 비율은 83.1%였다.[25]

그동안의 인사청문회 실시결과에서 나타나는 특징적인 점은 대통령이 국회의 동의 없이도 임명을 강행할 수 있는 직위에 대한 국회인준율이 더 낮다는 점이다. 이는 국회의 인사청문회 자체가 '대통령의 인사권에 대한 국회의 견제'라는 관점에서 실시되기보다는 여야 간 정파적 대립의 관점에서 실시되기 때문으로 볼 수 있다. 인사청문회의 실제 운영을 보면 여당의원들은 후보자를 옹호하고 지원하는 내용의 질문을 주로 하는 반면, 야당의원들은 후보자의 업무적격성이나 과거 이력과 관련된 도덕성에 의문을 제기하는 공격적인 질문을 하는 것이 인사청문회의 전형적 양상이다(최준영 외 2008).

여당의원은 '후보자 옹호'에, 야당의원은 '후보자 흠집내기'에 주력하는 의원들의 행태가 반복되고, 특히 장관의 경우 국회 인사청문과정에서 후보자의 심각한 공직 결격사유가 발견되어도 대통령이 임명을 강행할 수 있다는 점에서 인사청문회 무용론까지 제기된

---

25) 이를 상원이 인준청문회를 실시하고 있는 미국과 비교하면, 국무위원 후보자에 대해 상원이 인준을 거부하는 경우는 2% 미만이며, 20세기 들어서 상원의 인준을 얻지 못한 장관은 총 3인에 불과하였다. 반면 연방대법관의 경우 상원에 제출된 인준안 중 4분의 1 정도는 부결되거나 철회되었다. 1789년부터 2008년까지 상원이 심사한 연방대법관 인준안 중에서 상원의 인준획득에 성공한 경우는 77.2%였다(Hogue 2009). 이처럼 행정부 각료에 비해서 대법관에 대한 인준율이 낮은 이유는 연방대법관이 종신직이어서 훨씬 엄격한 심사기준을 적용하고, 사법심사를 통해서 행정부의 정책수행을 견제하거나 대통령과 의회 간 분쟁을 조정하는 중요한 역할을 담당하기 때문으로 설명된다.

바 있다.

그러나 국회에서 공개적으로 실시되는 인사청문회는 고위공직 후보자의 업무 적격성이나 도덕성 등에 대한 정보를 국민에게 제공 하여 국민의 알 권리를 충족시키고, 이 과정이 국민에 대한 정치교 육의 장으로서 기능하여 민주적 시민의 육성에 도움이 된다는 긍정 적 측면을 갖고 있다. 또한 대통령의 입장에서는 국회 인사청문회 의 실시 자체를 의식하지 않을 수 없기 때문에 업무능력과 도덕성 의 측면에서 보다 엄격한 기준에 따라 공직후보자를 선정하게끔 하 는 효과를 가져 올수 있을 것으로 보인다.

III. 제한적인 국가재정 통제권

대한민국 헌법은 예산안 편성권은 행정부가 갖고, 예산안 심의 · 확정권은 국회가 갖는다고 규정하고 있다. 예산심의권이 국회에 있 기는 하지만, 헌법 제57조에 따르면 "국회는 정부의 동의 없이 정부 가 제출한 지출예산 각 항의 금액을 증가하거나 새 비목을 설치할 수 없다"고 규정되어 있다. 예산편성은 고사하고, 예산심의과정에 서 예산을 증액하거나 새 비목을 설치할 수 없다는 점은 국회가 갖 고 있는 국가재정 통제권이 원칙적으로 상당히 제한적임을 의미하 는 것이다.[26] 이와 같은 헌법상의 규정을 바꾸지 않고 국회의 국가

---

26) 의회의 재정통제권의 범위와 정도에 영향을 미치는 요인은 국가별로 다양할 수

재정 통제권을 강화한다는 것은 근본적으로 한계를 가질 수밖에 없다.

민주화 이전 시기는 말할 것도 없고, 민주화 이후로도 국회는 정부가 제출하는 예산안을 제대로 심의하지 못하는 경우가 다반사였다. 여기에는 여러 이유가 있는데, 가장 먼저 지적할 수 있는 것은 헌법이 정하고 있는 국회의 예산안 심사기간이 지나치게 짧다는 점이다. 정부가 편성한 예산안은 회계연도 개시 90일 전까지 국회에 제출되어야 하고, 국회는 이를 회계연도 개시 30일전(12월 2일)까지 의결해야 한다(헌법 제54조제2항). 이에 따르면 국회가 예산안을 심사할 수 있는 실질적인 기간은 60일에 불과하다. 이는 주요국의 의회 예산심사 기간과 비교할 때 매우 짧은 것이며, 정부가 제출한 복잡하고 정교한 예산안을 국회가 제대로 심사하기에는 충분한 기간이 아니다.[27]

특히 예산안 심사기간이 정기국회 기간과 겹침으로써, 여야 정당 간에 쟁점법안을 둘러싼 입법교착이 발생할 경우 예산안 심사 역시 원내갈등으로 인해 발목을 잡혀서 헌법이 정한 기한 내에 처리되지 못하는 양상이 반복되고 있다. 실제로 2000년 이후로 예산안 처리시한인 12월 2일 이전에 예산안이 처리된 경우는 2002년(2003년도 예산안) 한 차례에 불과하여 '위헌국회'라는 오명을 피하지 못하고 있다. 특히 제18대 국회 들어서는 2009년도, 2010년도, 2011년도,

---

있는데, 그중에서도 정부형태가 가장 중요한 요인으로 알려져 있다. 대통령제 정부형태에서는 의회의 재정통제권이 강한 반면, 의원내각제 정부형태에서는 권력융합적 권력구조의 특성으로 인해서 의회의 재정통제권이 약한 것이 일반적이다 (Lienert 2010).

27) 의회의 예산심의 기간은 미국의 경우 240일, 영국 120일, 독일 120일, 프랑스 70일 등이며, 일본은 우리나라와 같은 60일이다.

2012년도 예산안 모두 제1야당인 민주당이 예산안 심사를 보이콧하는 상황에서 처리되었던 것이다.

이처럼 예산안 심사파행이 해마다 반복되는 것은 예산안 심의를 쟁점법안의 처리나 정치투쟁과 연계시키는 정치적 관행 때문이다. 다른 의안과 마찬가지로 예산안도 원내 교섭단체 간 협의를 통해서 처리되는데, 야당의 입장에서는 예산안 처리를 자신들이 원하는 것을 얻기 위한 협상카드로 이용해 온 것이다.

제17대 국회에서 예산안 처리 지연과 관련된 정치적 쟁점은 국가보안법, 사립학교법, 종합부동산세법이었고, 제18대 국회에서는 종합부동산세 및 소득세 관련 감세법안을 둘러싼 갈등으로 예산안 처리가 지연되었다. 이 법안들은 모두 여야 정당 간의 첨예한 정치투쟁과 입법교착을 야기했던 쟁점법안이었다. 그나마 2011년도 예산안과 2010년도 예산안 심사를 둘러싼 국회파행의 원인이 4대강 예산규모였다는 점과 관련해서 "늘 예산 외의 문제로 다투던 국회가

〈표 1〉 제16대 국회 이후 예산안 처리현황

국회	예산 연도	기한 내 처리여부	국회의결일	정치적 쟁점
제 16 대	2001	미처리	2000. 12. 27	정부조직법 개정안
	2002	미처리	2001. 12. 27	검찰총장 탄핵
	2003	처리	2002. 11. 8	제16대 대선 직전 서둘러 처리
	2004	미처리	2003. 12. 30	불법대선자금수사, 특검법
제 17 대	2005	미처리	2004. 12. 31	국가보안법 등 4대 쟁점법안
	2006	미처리	2005. 12. 30	사립학교법, 종부세법
	2007	미처리	2006. 12. 27	사립학교법 재개정, 이라크파병 연장안
	2008	미처리	2007. 12. 28	BBK 특검법, 이라크파병 연장 동의안
제 18 대	2009	미처리	2008. 12. 13	종부세, 소득세 등 감세관련법, FTA 비준안
	2010	미처리	2009. 12. 31	4대강 사업 관련예산
	2011	미처리	2010. 12. 8	4대강 사업 관련예산 청목회 로비사건 관련 정치자금법 개정안

출처: 제17대 국회까지 자료는 『2008 의정자료집』, pp.760-761 참조. 제18대 국회자료는 「국회 경과보고서」 참조

처음으로 예산을 둘러싸고 대치한 것에 의미를 부여할 수 있다"는 주장이 제기될 정도이다(중앙일보/10/12/3).

국회의 예산심사 파행은 60일이라는 짧은 예산심의기간마저 정치적 투쟁에 소모함으로써 정부가 제출한 예산안에 별다른 수정을 가하지 못한 채로 예산안이 의결되고, 결국 국회의 예산심사권이 유명무실화된다는 것을 의미한다. 비록 국회가 헌법상 예산안 편성권도 없고, 예산안 심의권한도 상당히 제한적이기는 하지만, 정부가 제출한 예산안을 꼼꼼히 검토하고 세부항목 간 조정을 하는 등의 심사활동은 국민의 대표기관이 행정부의 살림살이를 감독하고 견제한다는 의미에서 매우 중요하다. 이 점에서 예산안 심사를 쟁점법안의 처리나 다른 정치투쟁과 연계시키는 관행은 반드시 개선되어야 할 것이다.

국회 예산심의와 관련하여 또 다른 특징은 예산안 심의과정이 상임위원회의 예비심사와 예산결산특별위원회의 종합심사로 이원화되어 있다는 점이다. 예산안 심사와 관련된 법률의 내용과 현황은 소관 상임위원회가 가장 잘 파악하고 있다는 점에서 예산안에 대한 상임위원회의 예비심사가 필요하다. 그러나 상임위원회의 예비심사 결과는 예결특위 종합심사에 대해서 실질적인 구속력을 갖지 못한다는 한계를 갖는다.[28]

또한 상임위원회의 예비심사는 소관 부처에 대해 온정적이고 증

---

28) 이런 문제점이 지적되자, 국회법 제84조, 제5항에서 "예산결산특별위원회는 소관 상임위원회의 예비심사내용을 존중하여야 하며, 소관 상임위원회에서 삭감한 세출예산 각항의 금액을 증가하게 하거나 새 비목을 설치할 경우에는 소관 상임위원회의 동의를 얻어야 한다"고 규정하고 있지만, 여전히 예산안 심의과정에서 상임위원회의 영향력은 제한적이다.

액지향적인 입장에서 예산을 심의하는 경향이 있기 때문에, 상임위원회 예산심사를 마친 법안은 대부분 정부안보다 예산이 증액되는 것이 일반적이다(김준석 2006). 그러나 예결특위의 계수조정소위원회는 상임위가 증액한 예산을 세부항목 계수까지 다시 조정하는 방식으로 위원회 간 예산을 조정하고 있다.

국회는 '예산안 법률주의'를 채택하고 있지 않기 때문에 예산안은 법안이 아닌 별개의 의안으로 심사되므로, 헌법에서 규정하고 있는 예산관련 특별규정 이외의 규정에 의해 제약을 받지 않는다. 따라서 국회의 예산안 심사과정에서 지적된 사항들은 법적 구속력이 없는 '부대의견'이라는 모호한 상태로 다루어지고 있다. 이와 같은 문제들을 개선하기 위한 방안은 대부분 개헌을 필요로 하는 사항이라는 점에서 단기간에 바꾸기 어렵다는 한계가 있다.

마지막으로, 예산심의를 담당하는 위원회가 상임위원회가 아닌 특별위원회로 구성되어 있어서 의원이 예산심의에 필요한 전문성을 축적하기 어렵다는 사실도 문제점으로 지적할 수 있다. 상임위원회 위원의 임기는 2년인 반면, 예결특위 위원의 임기는 1년이다. 물론 위원 임기를 1년 더 늘린다고 해서 의원이 복잡하고 전문적인 예산심의에 요구되는 전문성을 확보하기란 쉽지 않을 것이다. 또한 2004년 국회예산정책처가 개청하면서, 예산 및 재정과 관련된 전문성을 보완해 줄 수 있는 여건이 마련된 것은 사실이다. 그러나 국회 차원의 제도개선을 통한 전문성 축적구조를 만들어야 한다는 주장도 여전히 제기되고 있다.

이상에서 민주화 이후로 국회의 실제적 운영과 성과를 통해서 국회가 과연 국민의 대표기관으로서 제 기능을 하고 있는지, 민주주의의 발전과 심화의 측면에서 볼 때 국회가 부족한 부분이 무엇인지를 검토해 보았다. 검토 결과 현재 국회가 안고 있는 문제는 원내 정당의 문제와 불가분의 관계에 있음을 알 수 있었다. 원내정당 간 의 갈등과 정파적인 대립이 입법활동뿐만 아니라 행정부 감독활동 및 예산심의활동까지도 지배하고 있는 것이다. 따라서 국회의 문제 점과 한국 민주주의의 현 주소를 정확하게 진단하기 위해서는 정당 정치에 대한 이해와 평가가 필수적이다. 다음 장에서는 정당정치의 발전과 관련된 논의를 살펴보기로 한다.

제4장

정당민주주의 발전의 지체

정당정치와 민주주의 이행이 직접적인 관련은 없다고 하더라도 정당정치의 발전은 민주주의 공고화, 그리고 더 나아가 민주주의 심화에는 중요한 역할을 한다. 다양한 이익갈등을 집약하고 표출하는 기능을 담당하는 정치조직으로서 정당은 민주주의의 성숙 정도를 가늠하는 중요한 척도이며, 대통령과 국회를 비롯한 주요한 정치적 행위자들과 긴밀한 관계에 있는 정치제도이다. 이러한 지적은 정당민주주의의 발전이 단지 정당의 역할과 기능의 발전만을 의미하는 것이 아니라, 특정 정치사회의 민주주의 발전 정도를 말한다는 사실에 주목하여야 한다는 것이다.

이러한 관점에서 정당민주주의에 초점을 맞추어 한국 정당정치에서 나타나는 문제점을 다음과 같은 세 측면에서 살펴보고자 한다. 우선 첫 번째는 정당정치에 대한 유권자들의 평가와 그 원인에 관한 것인데, 이와 관련하여 현재 유권자들이 정당에 대해 갖는 낮은 수준의 신뢰도와 정당정치를 부정적으로 바라보는 이유를 정당 간 취약한 정책적 차별성을 중심으로 논의하고자 한다.

두 번째는 정당정치 자체의 문제로서 정당 제도화의 문제를 살펴보고자 한다. 이를 위해서 그동안 불안정한 정당정치를 보여주는 주요한 지표로서 잦은 정당 이합집산과 반복적으로 시도되었던 정당개혁의 결과로서 불균형적인 정당조직의 발전이 갖는 문제점을 탐색한다.

마지막으로 정당이 유의미한 정치적 단위로서 기능하는 데 중요한 근원이 되는 당원제의 문제점을 검토한다. 여기에서는 정당의 기초조직과 국민경선제의 특성을 중심으로 살펴본다.

I. 정당정치에 대한 불신과 취약한 정책적 차별성

I. 정당정치에 대한 불신

정당정치에 대한 불신은 권위주의 시기로부터 유래되어 온 누적된 문제이다. 권위주의 정권시기의 부정부패와 부정선거는 선거결과에 대한 불복종과 정치적 저항의 잠재적 요인으로 남아 있었다. 이러한 문제가 야기한 정치적 불신은 한편으로는 여당을 비롯한 정부의 정치적 동원과 규율로 일정 정도 상쇄되었고, 다른 한편으로는 민주화 요구라는 적극적 정치참여라는 역설적 결과를 야기하였다. 권위주의 시기 정치적 불신은 정치체제 혹은 정부에 대한 것이었고 '민주화 요구'라는 정치체제의 전환이라는 문제로 채워졌던 것이다. 그에 따라 권위주의 시기의 정치적 불신은 정당정치 자체보다는 권위주의와 여당을 대상으로 하고 있었다.

이와 달리 민주화 이후의 정치적 불신은 구체적인 정치현상에서 기인하는 현실 인식에 토대를 두고 있다. 우선, 국민의 정치에 대한 불신의 주요한 요인으로 국회의 파행 운영과 물리적 충돌이라는, 자주 볼 수 있는 현상을 들 수 있다. 쟁점사안을 둘러싼 논의와 표결 과정에서의 정치적 갈등은 정치과정 자체에 대한 국민의 회의로 이어져서 거듭된 정치개혁에도 불구하고 달라지지 않는 정치에 대한 국민의 불신을 초래하였다. 여기에서 정치적 대립의 주요 행위자인 정당은 소모적 정쟁 등 부정적 현상을 책임져야 할 당사자로 인식되어 정당정치 자체가 정치적 불신의 대상이 되고 있는 것이다.

사실 정당정치에 대한 불신은 입법·사법·행정부와 비교하였을 때 가장 낮은 수준에 있다는 점에 주목하여야 한다. 〈표 2〉에서 볼 수 있는 것처럼, 정당에 대한 신뢰도는 2005년 현재 24.2%에 불과하여 사법부에 대한 신뢰도 50.9%에 비해 절반 수준에 불과하다. 이와 같이 낮은 수준의 신뢰도는 정당이 주요 정치적 행위자로 작용

〈표 2〉 입법·사법·행정부와 정당에 대한 국민 신뢰도

기관＼연도	1982	1990	1996	2001	2005
입법부	68.3	50.8	31.1	10.8	26.2
사법부	80.8	66.6	58.6	-	50.9
행정부	-	-	43.9	30.3	45.7
정 당	-	-	25.0	10.8	24.2

출처: www.worldvaluessurvey.org(검색일: 11/05/24); 수치는 '약간 신뢰'와 '매우 신뢰'한다는 응답을 합한 수치임

하는 정치적 공간인 입법부(국회)에 대한 신뢰도와 연관되어 있다. 입법부에 대한 신뢰도는 26.2%로, 정당에 대한 신뢰도에 비해 불과 2.0% 높은 수준이다. 이는 정당정치의 문제가 단순히 신뢰 문제에 그치는 것이 아니라 정당활동이 전반적 불신의 문제로 이어지고 있음을 의미하는 것이다.

최근 정당정치에 대한 불신의 문제는 지방선거에서 기초의원 후보의 정당공천제에 대한 찬반 논쟁에서도 그대로 확인할 수 있다.[29] 정당공천제 반대론은 정당정치가 선거과정과 지방자치제도의 운영에 좋지 않은 영향을 미치고 있다고 보는 입장으로, 정당정치 자체에 대한 불신에 토대를 두고 있는 것이다. 더 나아가서 지방의회가 정치적 기능을 하는 것은 좋지 않다는 규범적인 판단에 따라서 지방의회의 선거나 정치과정에서 정당을 배제하려고 한다. 즉 정당은 정파적인 갈등만을 야기하고 행정적 효율성과 기능을 저해하는 부정적인 요소에 불과하다고 보는 것이다. 이와 같은 비판이 나름대로 근거를 가지고 있는 것이기는 하지만 그럼에도 불구하고 과연 정당을 배제하고 행정적 기능 중심의 지방의회에서 공공재의 창출이 가능한지에 대해서 의문을 갖지 않을 수 없다. 국회와 마찬가지

---

29) 정당공천제를 반대하는 입장은 기초의원 후보에 대한 정당공천제 도입을 책임성 없는 정치의 행태를 보여주는 정당간 담합으로 보고, 집단이기주의의 정치적 결과라며 정당공천제 폐지를 주장한다(황주홍 2009). 정당의 참여가 지방의회의 기능, 특히 행정적 기능을 손상시키며 중앙정치의 문제를 재생산하는 요인으로 간주하는 것이다. 반면 정당공천제의 필요성을 주장하는 입장은 대의민주주의의 필수적 요소로서 정당의 기능과 역할을 강조하면서 동일한 대의민주주의 원리로 구성되어 있는 지방의회에서도 정당이 필요하다고 역설한다(가상준 2009; 이동윤 2010). 이와 같이 지방의회도 정치적 과정 중 하나로 간주하고 국회와 마찬가지로 정당의 참여가 중요하다고 보는 정당공천제 필요성을 주장하는 입장은 행정적 관점에서 지방의회를 바라보는 정당공천제 폐지론의 주장과는 근본적인 차이가 있다.

로 지방의회가 집합적 의사결정이 이루어지는 하나의 공론화와 논의의 장소라면, 지방선거 또한 정치적 과정 중 하나이기 때문이다.

정당정치에 대한 불신은 대안적인 정치적 행위자로서 정당 이외의 다른 정치집단의 확산과 필요성 주장과도 연계되어 있지만, 과연 이들이 정당의 기능과 역할을 대체할 수 있을지 의문이다. 참여연대를 비롯한 각종 시민단체의 입법청원이 점차적으로 증가하고 있으며, 전경련, 민주노총 등 이익집단 또한 정치세력화하여 입법활동과 정책형성에 날로 더 큰 영향력을 행사하고 있다. 물론 이러한 경향의 확대가 정치체제와 시민사회의 발전의 한 지표임을 부정할 수는 없지만, 이들에 대한 정치참여의 확대가 공익 추구를 통한 민주주의 심화를 위해서 대안이 될 수 있는지에 대해서는 또 다른 시각에서 별도의 논의가 필요하다.

이와 같은 정당공천제 폐지론과 대안적 정치세력 확산이라는 현상에서 주목해야 할 부분은 정치를 부정적으로 바라보는 시각의 근저에 정당정치에 대한 불신이 자리하고 있다는 사실이다. 더욱 심각한 문제는 정당정치에 대한 불신이 정당 자체를 부정하려는 인식과도 무관하지 않다는 데에 있다. 이와 같은 정당과 정당정치에 대한 깊은 불신과 회의는 정당을 승자독식의 다수결 원리에 의해 선출된 엘리트주의적 정치조직으로 간주하는 입장(Daalder 2002)과 관련이 있다. 그러나 이러한 입장은 정당이 기능하지 않는 권위주의적 정치로의 정치변동을 야기할 수 있는 위험이 있기 때문에 경계할 필요가 있다. 뿐만 아니라 정당을 대체할 대안적 정치세력의 확대 또한 긍정적으로만 보기 어렵다는 점에서 더욱 문제의 소지가 있다. 공익을 추구하는 집단의 정치참여는 그다지 심각한 문제를 야기하지 않는다고 하더라도, 적어도 사적 이익집단의 정치참여는 특수이익이나 그러한 이해관계를 갖는 집단의 이익을 추구하는데 그치거나 혹은 오히려 합리적 의사결정을 저해하는 뇌물수수 등의 부패 문제를 지속적으로 야기할 수 있기 때문이다(김영종 2003, 8). 이러한 정당정치에 대한 불신은 민주주의 심화에 부정적 영향을 미칠 수 있기 때문에 한국 민주주의의 질적 발전을 위해 개선하여야 할 하나의 과제라고 할 수 있다.

2. 정책경쟁의 취약성

이러한 정당정치에 대한 불신은 정당 간 정책경쟁이 취약한 가운데 국회 파행, 지역주의적 동원 전략, 그리고 정당공천제 논란 등 정당 간 대립이 야기해 온 현상과도 직접적으로 관련이 있다. 이와 같이 정당으로 인해 발생하는 여러 문제에 대한 원인론은 이러한 문제가 정당이 지나치게 강하기 때문에 생기는 것이기 때문에 정당을 약화시켜야 한다는 '강한 정당론'과 그렇지 않다는 반론을 모두 유도하게 된다. 사실 정책경쟁의 취약성은 정당기율이 강한 정당과 정책경쟁이 약한 정당이라는 두 가지 특징이 정당정치에 공존하는 데에서 기인하는 것이다. 구체적인 경제·사회정책 이슈를 중심으로 대결하는 정당정치가 발전하지 않은 상황에서 정당경쟁은 인물과 지역과 같이 비정책적 요소가 중심을 이루었다(안순철 2001). 그에 따라 한편에서는 정당기율이 작용하는 강한 정당을 약화시켜야 한다는 주장이 압도하는 가운데, 정책경쟁이 강한 정당의 필요성을 강조하는 반론이 대립하게 된 것이다.

일반적으로 〈그림 3〉과 같이 정당기율과 정책경쟁에 따라 정당

<그림 3> 정당기율과 정책경쟁

		정당기율	
		강	약
정책경쟁	강	영국	미국
	약	한국	-

정치는 다른 특성을 갖게 된다. 강한 정당기율과 정책경쟁이 강한 국가로는 영국을, 정책경쟁은 강하지만 정당기율은 약한 국가로는 미국을 꼽을 수 있으며, 한국의 경우에는 강한 정당기율과 약한 정책경쟁의 특징을 보이는 국가에 속한다. 양당제적 경쟁이 제도화되어 있는 영국과 미국에서 정당들은 고유한 정책영역에서 특정 이슈에 우월적 지위(issue ownership)를 갖고 선거정치와 의회정치에서 정책경쟁을 한다. 영국의 보수당과 미국의 공화당은 보수적 입장에서 어젠다를 주도하는 한편, 그 이외에 소수정당을 포함한 정당들은 대체적으로 진보적 이슈를 정치 영역에 제시하고 추진하는 경향을 보인다. 이들 국가에서 정당간의 정책 대립으로 인한 정치적 교착상태가 종종 발생하지만 의회운영 자체가 파행으로 치닫는 경우는 매우 드물다.

이에 반해 한국 정당의 경우, 개별 정당의 정당기율은 강하지만 전반적으로 정당 간 정책경쟁이 두드러지지 않아 정책적 차별성이 취약하다는 한계로 인해 선거정치에서 지역주의적 호소전략이 지배하는 경향으로 이어져 왔다. 지역주의적 선거전략이 유권자의 지지를 일정 정도 유인하고 유지하는 데는 효과적이었다고 평가할 수 있지만, 장기적으로는 정당의 안정적 기반, 즉 정당에 대한 일체감을 보이는 충성스러운 정당지지자를 확보하는 데에는 실패하였다. 정당이 제시한 정책의 특성이 선거쟁점으로 작용하는 경우보다는,

어떤 지역이 어떤 정당에게 유리한 지역인가를 우선적으로 예상하는 전략적 고려가 선거경쟁의 주요한 축으로 작용한다. 일관적이고 강고한 지지기반을 갖지 못한 정당이 선거에만 주력하는 정당경쟁의 특성은 정책경쟁의 취약성을 반영하고 지속시키는 요인이라고 볼 수 있다.

정책적 차별성은 일부 영역에서만 나타나는 정도이고, 그 이외에는 지역적 구분과 지역정당의 득표가 일치하는 지역정당제적 정치구조가 지속되고 있다. 대북지원정책, 한미관계, 교육정책 등에 대한 각 정당의 입장은 이제는 지역주의적 균열구조와 동일한 구조를 갖는 정책적 차별성을 갖지만(조성대 2008, 190), 그 이외의 영역에서 정당의 정책적 차별성은 좀처럼 표출되지 않는다. 총선 이후 득표상황을 집계하는 전국지도에 표기되는 정당별 당선자 분포는 지역에 기반한 개별정당이 지역별로 표를 나눠 갖는 것 이상으로 보이지 않는다.

문제는 취약한 정책경쟁의 구조가 재선을 목적으로 하는 소속의원들에게 정당 충성심의 동력으로 작용하며, 그나마 부분적으로 존재하는 정책별 차별성조차 강한 정당기율로 인해 의원들의 의정활동에서는 좀처럼 나타나지 않는다는 점이다. 임기 내 의원들의 정당 충성심 표출이 다음 선거에서 정당공천 여부를 가늠하는 요인으로 작용하여, 소속의원들은 자신들의 정치적 생존 가능성을 결정하는 중요한 요소로서 확실한 개인의 신념과 정책적 입장보다는 정당과 정당지도부의 입장을 더 강하게 인식하는 경향이 있다. 이러한 상황에서 쟁점 사안에 대한 당론 결정은 의원들을 일사불란하게 움직이게 하는 압력으로 작용하는 것이다. 그 결과로 나타나는 현상은 의원들의 자율적 의견개진이 허용되지 않는 강한 정당기율이 작동하는 상황에서 정책대결이 없는 정치적 반목의 지속이다.

위에서 설명된 한국 정당정치의 현실은 한국 정당이 강한가, 약한가라는 질문에 대해서 한마디로 명확한 답을 제시해 주지는 못하게 하고 있다. 그러나 분명한 사실은 한국의 정당들이 공통적으로 정당 차원에서는 정책경쟁이 취약하다는 특징을 보이며, 소속의원들에게는 정당기율이 강하게 작용한다는 특성을 동시에 보여준다는 점이다.

바로 이러한 두 가지 특징의 병존으로 인해서 한국 정당이 강하다는 주장과 함께 약하다는 평가가 공존하고 있다고 판단된다. 두 입장은 한국 정당의 정책경쟁의 부재와 국회의원들의 정당기율에 종속되는 행태와 같이 일부의 특성만을 강조하는 경향이 있다. 정당이 강하다는 주장은 정당기율은 강하지만 일관적인 정책적 입장을 갖지 않은 정당을 과연 강하다고 볼 수 있는지에 대해서 설득력있는 답변을 제시하지 못하고 있다. 또한 정당이 약하다는 주장은 정책적 특성을 갖추지 못한 정당이 어떻게 당론을 강제할 수 있는가의 문제에 대해서 명확한 답변을 제공하지 못한다. 한국 정당이 강한 정당인가 아니면 약한 정당인가에 대한 결론을 내리기는 쉽지 않지만, 이와 같은 한국 정당의 두 가지 특성이 유권자에 대한 대표성과 책임성을 담보하지 못하는 정당정치에 대한 불신의 원인이라는 사실을 부정하기 어렵다.

II. 낮은 수준의 정당 제도화

1. 빈번한 정당 이합집산

한국 정당정치의 또 다른 특성 중 하나는 거의 모든 선거에서 목격되는 정당의 창당과 소멸, 당명 변경 혹은 신생정당의 등장과 같은 현상으로 대변되는 정당의 이합집산 현상이다. 민주화 이후 여섯 차례의 총선에서 모두 53개의 정당이 참여하였는데, 이 중 이전의 당명만이라도 유지한 채 선거에 임한 정당은 9개에 불과하였다. 재미있는 현상은 한 정당이 이합집산을 반복하는 경우도 있었다는 점인데, 제17대 대선에서 집단 탈당, 신당 창당, 그리고 합당을 경험한 열린우리당이 그 대표적인 사례이다. 정당 제도화 수준이 높은 선진민주주의 국가에서 정당 이합집산이 예외적 현상임을 고려하면, 한국의 정당 제도화 수준은 낮은 수준에 머물고 있는 사실에는 이견이 없을 것이다.

사실 정당의 이합집산은 일상적 정치과정의 순환을 저해하며 규범적으로도 옳지 않고, 또한 정치와 정당에 대한 국민의 냉소를 불러일으키는 등 바람직하지 않은 정치적 결과를 낳는 부정적인 요소이다. 이는 정당과 소속의원의 이합집산 자체가 유권자에 대한 정당의 책임성(accountability), 반응성(responsibility), 대표성(representation)을 손상시키고, 더 나아가서는 정당체제의 안정성을 손상시키는 행위이기 때문이다(Heller and Mershon 2009, 5). 특히 한국의 정당 이합집산은 정책과 이념에 따른 정치권의 변화가 아니라 선거승리를 위한 정치적 갈등이나 협상의 산물이라는 점에서 더 큰 문제가 있다. 대부분의 정당 이합집산은 정책정당과 이에 동조하는 유권자의 재편이라는 변화를 반영한 결과이기 보다는 정당내 분파 간 갈등과 분열에 따라 발생한 측면이 있었으며, 그에 따라 정당 유동성을 확산시켜 정당체제의 불안정성을 초래해 왔다(곽진영 2009; 김일영 2004; 진영재·박준식 2008). 다시 말해, 선거승리라는 목적을 위해 개별 정당이나 의원들이 전략적으로 선택한 정당 이합집산이 정당 제도화를 저해하고 정당정치의 발전에는 부정적 영향을 미치고 있는 것이다.

이와 같은 정당 이합집산은 정당 제도화의 또 다른 차원, 즉 정당조직의 불안정성의 문제와도 맞물려 있다. 유의미한 정당경쟁이 없는 정치적 조건하에서 특정 유력 정치인의 존재와 그의 결정이 다른 요인들에 비해 압도적으로 정당조직의 안정성에 영향을 미쳐, 인물 중심의 정당 창당과 해체를 반복하는 경향이 있었다.[30] 민주화 이후 '3김'을 중심으로 한 정당의 이합집산과 이들의 정당 통제가 대표적인 사례이며, 현재 그러한 경향은 대통령, 대선후보, 정당대표를 중심으로 재현되고 있다. 정당의 중심적 권력이 어느 누구에게 부여되는가에 따라서 정당 운영의 방향은 상당한 차이를 보이고 있어, 여전히 영향력 있는 정치인의 존재가 정당조직의 발전과 운영에서 핵심적 동력이라고 해도 과언이 아니다.

개별 정치인의 압도적 영향력, 특히 정당 지도부의 정치적 결정에 대한 소속의원들의 종속은 정당조직의 분화와 정당의 지지기반인

---

30) 이와 같은 개별 유력 정치인의 정당 지배와 정당 이합집산은 신생 민주주의 국가에서 보편적으로 나타나는 현상으로, 학계에서는 이를 신생 민주주의 국가의 정당정치가 불안정성을 보여주는 하나의 지표로 이해하는 경향이 있다. 이에 대해서는 Randall and Svåsand 2002, 17-19를 참조하기 바란다.

당원제의 제도화를 저해하는 요인으로 작용한다는 또 다른 문제와 관련되어 있다. 권위주의 시기 정당들은 소속당원이 적어도 전체 유권자의 10% 정도를 차지하며 지구당 당원이 3만 5천 명이 넘는 다고 과장하였지만, 여당조차도 집권이 끝나면 자생력을 갖지 못하고 정치적 위기에서 살아남지 못하는 경우가 많았다(김용호 2001, 109). 그리고 이러한 현상은 민주화 이후에도 예외없이 계속되어 민주주의의 심화과정에서 그 대처방법이 제시되어야 할 중요한 과제가 되었다. 공식적으로 발표된 당원비율은 여당 후보에 대한 지지율에 견주었을 때 상당한 차이가 있어 당원제를 제도화한 정당을 꼽기조차 어려운 것이 우리 정당들의 현실이다.

2. 정당조직의 균형적 발전의 정체

정당민주주의 제고를 위한 정당정치의 발전에서 가장 중요한 기초는 정당조직 그 자체의 발전에 있다. 정당조직의 발전이 없이 정당민주주의도 없으며, 민주주의 심화에서의 주요한 역할과 기능을 기대할 수도 없기 때문이다. 그동안 정당개혁의 방향은 정당정치의 고질적 병폐가 정당 그 자체에서 비롯한다는 인식에서 설정되어 왔다. 이러한 정당개혁은 원내조직보다 원외조직이 강한 정당조직으로 인해 소속의원들이 의정활동보다 당직을 선호하는 경향이 두드러져 국회가 제 기능을 하지 못하게 하는 원인이 되었다는 비판과, 정당대표의 입장을 그대로 수용하라는 원외조직의 압력, 즉 강한 정당기율이 의원들의 자율성을 손상시키는 원인이었다는 비판에서 비롯되었다(김용호 2008, 197; 202). 그러한 정당조직의 특성이 국회의 원활한 기능과 의원의 의정활동에 걸림돌로 인식되었던 것이다.

이러한 인식을 토대로 '원내정당화론'[31]을 주축으로 한 정당개혁은 제17대 국회를 기점으로 거의 모든 정당이 조직적 전환을 추진하는 계기가 되었고, 이러한 정당개혁에 대한 찬반론이 대두되었다.[32] 원내정당화론 추진을 위한 정당개혁은 두 가지 방향의 정당민주주의 제도 도입으로 구체화되었다. 그 중 하나는 정당대표의 영향력 약화를 목적으로 기존의 정당대표의 권한을 정당대표와 원내대표의 양자에게로 분산시키는 것이며, 두 대표의 선출 역시 소수의 지도부의 영향력을 배제하기 위하여 당내경선을 제도화하는 것이었다. 그리고 다른 하나는 기존의 의원총회의 기능과 역할을 강

---

31) 원내정당화론은 원외조직이 선거 관련 업무와 당원 관리, 정책 홍보, 자금 모금 등의 업무를 담당하고 원내정당이 그 이외의 정책개발과 입법 등의 정당의 업무들을 주도하도록 하는 것이었다(정진민 2009, 31-32). 이는 정당에서 원외정당적 요소를 과감히 제거하여 원외조직에서 서로 힘겨루기에만 몰두하는 소속의원들의 태도와 정당의 문제를 해소하려는 것이었다(김용호 2001, 307). 이러한 정당개혁이 이루어지면 정당의 구심점과 대립구도의 핵이 국회에 위치하게 되고, 그에 따라 정치체제가 국회 중심으로 안정적으로 작동할 수 있는 의회민주주의 발전을 기대할 수 있다는 주장이었다(임성호 2003, 138).

32) 이에 대한 반론은 원내정당화론이 미국식 민주주의 정치를 모델로 하며 한국 정당정치의 현실에 부합하지 않는 탈맥락적 접근과 실험에 치중한 것으로 평가하는 입장에서 제기되었다(서복경 2004; 정상호 2008, 145). 원내정당화론을 중심으로 한 일련의 정당개혁 조치들이 기껏해야 대중적 정당정치의 위축과 정치엘리트 중심의 '비대중적 정책정당화'로 귀결되었을 뿐이라고 비판하면서 대중적 정당정치의 회복을 주장하였다(박상훈 2006). 이러한 찬반론은 정당의 서로 다른 측면에 강조점을 두는 관점에서 진행된 논쟁이었다는 측면에서 유의미한 논쟁이었다고 평가하기 어렵다. 정당정치의 전체적인 순환구조를 유권자, 당원, 정당을 중심으로 한 정치적 행위자가 참여하는 영역을 선거정치와 의회정치로 나눌 수 있다. 이때 원내정당화론은 의회정치 영역에서의 책임성, 반응성, 대표성을 강조하는 정당개혁이라고 한다면, 이에 대한 반론은 거시적 관점에서의 정당정치의 방향성을 강조하는 것으로 볼 수 있기 때문이다.

화한 것이었다.

정당민주주의를 위한 이러한 두 가지의 제도 도입은 이후 각 정당의 전당대회 기능을 상당히 변화시켰다. 과거 전당대회가 정당대표 선출과 정책을 추인하는 수동적 기능에 머물러 있었다면, 정당개혁 이후 당내 경선을 위한 전당대회는 정당대표, 최고위원, 그리고 원내대표를 선출하는 당원대회로서의 의미를 갖게 되었다. 당내 경선이 치열한 접전 속에서 진행되면서 전당대회는 당원들의 주요한 참여의 장으로서 활성화되었고, 오랫동안 정당개혁의 대상이었던 정당 지도부의 정당 지배 현상은 상당히 약화되었다.

이와 같이 정당개혁이 어느 정도의 성과를 거두었음에도 불구하고 그것이 정당조직의 균형적 발전을 이루었는가에 대해서는 여전히 회의적인 반응이 지배적이다. 물론 이러한 정당개혁은 원내정당화론 대두 이후 정당대표의 권한이 축소, 분산되는 경향과 함께 의원총회와 전당대회가 상대적으로 활성화되어 의원의 자율성을 제고시켰다는 점에서 긍정적 성과를 거두었다고 할 수 있다. 그러나 문제는 원내정당의 기능에 대한 지나친 강조는 원내정당과 원외정당을 조직적으로, 그리고 기능적으로 분리시키는 부수적 결과로 이어졌다는 데에 있다. 이와 같은 원내정당과 원외정당의 분리는 정당을 일종의 이중적 구조로 정착하게 함으로써 당원을 중심으로 한 정당조직과 그 기반을 훼손해 버렸다(김용호 2008, 207).

보다 구체적으로 말하자면, 원내정당의 자율성 확보에 대한 대가는 원외정당의 왜소화를 비롯한 정당조직의 불균형적 발전이었다. 중앙당 조직 차원에서 보면 당원과 유권자로부터의 이익집약의 통로로서의 기능은 사라지고 행정적 기능만 남게 되었으며, 당원협의회에 의존한 당원들의 정당활동 참여는 주변적인 것으로 전락하게 되었다. 이러한 기형적 구조의 정당은 당원제와 같은 조직적 토양이 취약하고 다수 의원의 존재라는 잎만 무성한 나무처럼 선거승리라는 영양보충이 없이는 지탱할 수 없는 상태에 처하게 되었다. 의도하였든 혹은 그렇지 않았든 간에 이러한 정당개혁의 결과 균형적 정당조직의 발전이 이루어지지 않은 상태에서 지속적인 선거승리만이 정당의 생존력을 보장할 수 있게 된 것이다.

불균형적 정당조직의 발전은 한국 정당이 앞으로 민주주의 심화에 어떻게 기여할 수 있을지에 대해서 긍정적인 전망을 갖기 어렵게 하는 요인이다. 여전히 정책정당화라는 정당개혁의 목표가 중요한 현재 한국 정당정치의 현실에서 정당의 조직적 · 기능적 분리는 정당이 어떻게 책임성, 반응성, 대표성을 수행할 수 있을지를 불확실하게 만들었을 뿐만 아니라, 원내정당의 강화를 주장하는 원내정당화론과 이에 대한 반론 사이의 논쟁은 정당조직의 균형적 발전을 도모하는데 기여하지 못하였다. 정당 제도화가 높은 수준으로 한 단계 도약하기 위해서는 정당이 반응(response)하여야 할 조직적 토대를 구비하여야 하지만, 이미 저조한 당원 조직률과 함께 정당의 조직적 기반은 취약해졌다.

이러한 상황에서 원내정당 혹은 원외정당 중 어느 한쪽의 선택을 강조하는 정당개혁은 당원을 중심으로 한 유권자로부터 정당 간의 의사소통 채널을 조직적 · 기능적으로 또다시 다른 방식으로 구성해야 하는 난제로 이어질 수밖에 없다. 정당이 책임성, 반응성, 대표성을 갖기 위한 조직적 조건은 최소한 당원을 중심으로 한 유권자와의 긴밀한 관계를 갖는 것이어야 하지만, 원내정당화론에 의한 정당조직의 분리는 의원들의 의정활동이 과연 어디에 토대를 두고서 실행되어야 하는지에 대해서 확실한 대답을 주지 못했다. 그에 따라 공공선을 위한 집합적 의사결정과정에서 도출되는 정당의 '사전적 제약'이 없는 상태에서, 의원들의 의정활동에서 발생하는 각종 문제가 사후적인 제지나 비판에 그칠 수밖에 없는 상황으로 이어질 수 있어 이것이 정치의 사법화 현상을 유도할 가능성 또한 배제할 수 없다.

그동안의 정당개혁의 성과를 평가하면서, 그 결과물들이 장기적으로 우리 정당이 정책정당으로 발전할 토양이 될 수 있을 것인지에 대해서는 정당민주주의의 발전을 위해서 고려해 볼 필요가 있다. 이에 대한 평가를 아직 명확하게 하기는 어렵지만, 원내정당 혹은 원외정당 어느 한 측면만의 강조가 정책정당으로의 발전을 위한 충분조건인가에 대해서는 의문을 제기할 수밖에 없다.

그동안 정당개혁의 흐름은 개별 의원들의 책임성을 제고시킨다는 명분하에서 정당대표의 권한을 축소하는 방향으로 개혁하는 신생민주주의 국가의 일반적 양상(Carey and Reynolds 2007, 257)과 유사한 것이었다. 그러나 정치개혁 전반의 주체로서 정당대표 또는 정당의 권위 손상은 그다지 바람직하지 않으며, 이러한 상황에서 정당의 발전과 의원의 자율성이 공존할 수 있는 균형적 정당조직 개혁의 대안을 찾는 것 또한 쉽지 않다.

물론 이러한 주장이 과거와 같이 정당대표의 권한을 확대하여야 한다는 의미는 아니다. 그러나 정당정치는 정당조직의 균형적 발전으로부터 출발하여 원내·외 정당의 의사소통을 전제로 하였을 때 발전할 수 있기 때문에, 조직적 발전을 추동하는 세력으로서 정당지도부가 갖는 권한을 분산시키고, 정당조직을 분리시키는 것이 정당조직의 균형적 발전의 대안으로 간주될 수는 없다는 것이다.

III. 취약한 당원제

정당 지도부를 비롯한 소수의 영향력이 압도하는 가운데, 좀처럼 활성화되지 못한 당원제의 발전 수준 문제는 오랫동안 정치개혁 어젠다에 포함되지 않았다. 오히려 당원제는 지구당 운영에서 벌어지는 비민주적 운영과 정치적 부패로 인해서 부정적인 것으로 인식되었다. 지구당은 당원들의 의사를 집약하는 소통의 통로보다는 기껏해야 지구당 위원장의 선거기구로서 운영되고 이들의 전횡이 지배하는 공간이었기 때문이다.

이러한 문제에 대한 정치개혁의 결과가 '지구당 폐지'였다. 이는 소수의 영향력만이 작용하고 부패의 고리로 작용하는 중앙당, 시·도, 지구당 사무국 체제의 정당조직을 '고비용-저효율'의 정치구조를 형성하는 원인으로 이해하고 그러한 핵심적인 고리인 지구당은 폐지되어야 한다고 보는 입장에서 제시된 정치개혁 어젠다였다(김용호 2001, 308). '돈 먹는 하마'로 비유되는 고비용 운영조직인 지구당은 지구당 위원장의 권한 독점이라는 문제도 안고 있었다(이정진 2010, 355-356). 한동안 지구당 폐지에 대한 찬반론이 팽팽하게 맞섰으나, 2004년 정당법 개정으로 지구당은 마침내 폐지되어, 당원이 실질적으로 정당활동을 할 수 있는 제도적 공간이 사라져 버렸다.

지구당 폐지 이후 진성당원제 도입 논란[33]을 계기로 지구당이 필

---

33) 정상적인 정당정치의 작동을 위한 필수요건이라는 관점에서 제시된 진성당원제 필요성 주장은 당원의 중요성을 강조하는 동시에 그동안 당원의 수를 확대 발표함으로써 정당의 영향력을 과장하는 정당의 문제를 해소하기 위해 제기되었다.

요하다는 주장이 다시 제기되었지만 그것이 당원제의 제도화에 기여할 수 있을 것으로 기대하기 어려운 상황이다. 당원제가 정당에게 중요한 이유는 기본적으로 '시민사회-국가'라는 두 영역에 걸쳐 책임성, 반응성, 대표성의 기능을 수행하여야 하는 정당에게 제도적인 의사소통 채널로서 기능하기 때문이다. 당원제의 제도화는 유권자 동원전략에 고심하는 정당에게 유용한 선거전략을 제공할 뿐만 아니라, 당원은 당비납부를 비롯한 의무와 권리를 갖는다는 점에서 참여와 개방을 특징으로 하는 정당민주주의에 필수적이다. 최근 진성당원제 강화론이 설득력을 얻어, '당원협의회'라는 이름의 당원조직이 지구당을 대신하여 부활되었다. 그러나 이러한 시도들이 현재 당원 가입과 적극적 지지자들의 조직화를 이루었는지, 그리고 그만큼 당원제를 발전시킬 수 있는지는 판단하기 어렵다.

　이러한 낮은 수준의 정당 제도화의 문제와 한계는 국민경선제의 도입과 그 보편화로 인해 어느 정도 보완되고 있지만, 이는 어디까지나 보완일뿐 당원제의 제도화와는 상당한 거리가 있어 보인다. 1992년 제14대 대선후보 선출과 1997년 제15대 대선에서 당내 경선 실시를 시작으로 점차 확산된 국민경선제는 2002년 제16대 대선에서 노무현 후보의 선거승리를 계기로 국민의 지지 속에 정착되었다. 이러한 대선 선거결과에 따라 국민경선제는 효과적인 유권자 동원방식이라는 평가를 받기에 이르렀고, 이는 총선과 지방선거로까지 확대되는 기점으로 작용하였다(손병권 2009, 170). 제18대 총선에서 국민경선제를 시행하지 않고 지도부와 공천심사위원회가

　　각 정당의 당원들은 대체적으로 당비를 내지 않는, 그러나 명부에는 이름이 등록되어 있는 '종이당원'이 다수를 차지하는 것이었다.

후보 공천을 주도하여 완료함에 따라 민주화 이전의 정당정치로 회귀하는 것이 아닌가하는 회의론이 제기되기도 하였지만, 제18대 총선의 공천결과는 당원이 후보 자격과 선출권을 배타적으로 갖지 않는 국민경선제 도입 이전의 후보 공천과는 큰 차이가 없는 것이었다(박경미 2008). 대부분의 경선제에서 당원 여부는 후보 자격과 선출을 결정하는 중요한 기준이 아니었으며, 참여의사 여부에 따라 일반 유권자도 가질 수 있는 개방적인 권한이었기 때문이다.

그러나 이와 같이 도입되고 정착된 국민경선제는 후보 선출권이 당원에게 배타적으로 부여되는 것이 아니라는 점에서 당원제의 발전에 기여한다고 보기 어렵다. 각 정당의 후보선출은 정당에게는 규율과 통합기능, 원내 정당의 의제장악력 등의 문제를, 후보자 개인에게는 정당과 대중으로부터의 정당성 확보 과정이라는 측면에서(전용주 2005, 232-233; Rahat and Hazan 2001, 313-314) 정당의 중요한 제도적 장치임은 분명하다. 그러나 국민경선제는 정당이 유권자를 효과적으로 동원하는 선거전략으로서의 의미를 갖는데 반해, 한 정당에 소속된 일반 당원들에게는 별 다른 의미를 갖지 않기 때문에, 국민경선제가 당원제의 제도화에 기여하였는지는 여전히 의문이다.

사실 국민경선제는 당원과 일반 유권자에게 거의 동등한 참여의 기회를 부여하여, 당원과 비당원 사이의 권한을 차별화하지 않고 있다. 그 결과 일반 유권자들이 당비를 내면서까지 정당에 굳이 가입하여야 할 동기가 별로 없다. 이는 정당 지도부의 전략적 공천과 전횡을 제거하여 정당민주주의를 제고하려는 본연의 취지와 달리 국민경선제가 당원 가입의 유인을 제거하는 역설적 효과를 가져올 수 있음을 보여준다. 이러한 역설로 인해 정당의 후보공천 방식이 '개방화론'과 '당원중심론' 중 어느 것이 좋은지에 대해서는 여전히 논란의 여지가 있다(지병근 2010). 일반 유권자에게 후보 자격과 후보선출권을 포괄적으로 부여함으로써 당원들을 주변화(marginalization)할 수 있다는 문제(Katz 2001, 290)를 고려하였을 때, 국민경선제가 오히려 정당 제도화를 저해하고 있는 것은 아닌가 반문할 수밖에 없다.

정당 제도화의 관점에서 현재 한국의 정당정치는 전반적으로 낮은 수준에서 정체되고 있다고 평가할 수 있다. 정책경쟁의 취약성과 강한 정당기율의 작용이라는 한국 정당정치의 특성 속에서 빈번한 정당 이합집산은 유권자들에게 지역 이외에 다른 요소를 중심으로 한 지지와 투표의 대상을 고정시키지 못하는 결과를 야기하였다. 또한 정당개혁의 하나로 추진된 지구당 폐지는 당원을 비롯한 유권자와의 의사소통 채널을 축소하여 정당조직의 체계적 발전을 지체시켜 왔다. 진성당원제 논의가 각 정당이 당원 조직화에 주력하게 하는 계기가 되었고, 또한 국민경선제 도입이 당원과 유권자에 대한 정치적 관심을 유인하는 효과를 가져왔다는 측면에서 양자 모두 긍정적으로 평가될 수 있겠지만, 실질적인 권한을 갖지 않은 당원제가 과연 정당 제도화에 기여할 수 있을지에 대해서는 그 평가가 부정적일 수밖에 없겠다.

이와 같은 문제를 안고 있는 정당민주주의 발전의 지체가 한국 민주주의 심화를 저해하는 한 요인으로 작용하고 있어서 이러한 문제에 대한 개선이 시급한 실정이다. 한국의 민주주의가 공고화 이후의 심화로 한 단계 더 도약하기 위해서는 정당이 제도화된 당원제를 토대로 균형적인 조직발전을 달성하고, 안정적인 정당정치의 활성화로 귀결되어야 한다. 이를 통해 한국의 정당정치가 정책별 차별성이 있는 정당 간의 경쟁을 유도하고 정당정치에 대한 불신을 해소하는 방향으로 발전해 나가야 한다.

이러한 정당민주주의의 발전은 궁극적으로는 정당이 얼마나 유권자의 의견을 잘 반영하는가의 문제와 직결되어 있는 것이다. 정당정치가 선거정치에 참여하고 그 결과로 구성된다는 사실을 고려하였을 때, 정당민주주의 지체의 문제는 선거정치와 연동시켜 살펴볼 필요가 있다. 이러한 관점에서 다음에서는 선거제도와 그 운영에 대해서 논의하도록 하겠다.

제5장

선거제도와 운영의 문제

　한국 선거의 역사는 선진 민주주의 국가의 제도를 도입하여 공정성과 형평성을 높이려는 의도에서 추진되었음에도 불구하고, 국민들이 피부로 느끼는 선거의 대표성과 반응성은 크게 개선되지 않았다. 먼저 선거의 대표성은 국민이 지지하는 후보의 당선 가능성이 높아지는 것과 후보자들의 득표와 의석수의 비례성이 제고되는 것을 의미한다고 볼 수 있다.

　둘째, 반응성은 국민의 요구와 이해에 후보들이 얼마나 민감하게 대응하느냐 하는 점과 관련되어 있다. 민주화 이후 지금까지도 거대정당은 득표율보다 더 많은 의석을 차지하고 있으며 거대정당들이 지역에서 독점적 지위를 유지하고 있기 때문에 국민의 요구에 반응하는 능력도 떨어진다. 또한 선거제도의 운용에서도 문제점이 노출되고 있다. 과거 권위주의 시절부터 내려온 선거에 대한 부정적 인식으로 인해 여전히 우리의 선거는 자유롭고 공정한 경쟁이 가능하도록 운영되기 보다는 규제지향적이고 통제가능한 범위에서 허용되는 방식에 머물고 있다. 다음에서는 이러한 문제에 대해서 보다 상세하게 논의해 보도록 한다.

I. 대표성, 반응성이 낮은 선거제도

1. 정당성을 훼손하는 낮은 대표성

한국의 선거제도는 단순다수제방식의 중심으로 비례대표제를 부분적으로 도입한 혼합형 선거제도이다. 대통령을 선출하는 선거제도는 단순다수제방식이고, 국회의원을 뽑는 총선의 선거제도는 단순다수제와 비례대표제를 병립한 혼합형 선거제도로 치러지고 있다는 점은 주지의 사실이다. 단순다수제방식은 기본적으로 거대 정당에 유리한 제도이기 때문에 대표성과 비례성은 비례대표제도보다 떨어지는 것이 사실이다. 물론 단순다수제는 책임성, 안정성의 측면에서는 비례제보다 더 나은 제도라고 평가받고 있다. 다양한 선거제도의 장단점에도 불구하고 최근 한국 선거제도의 대표성에 문제를 제기하는 이유는 먼저 선거결과가 대다수의 국민을 대표하지 못하고 있기 때문이다. 특히 민주화 이후 수차례 이어진 선거에서 점점 투표율이 떨어지면서 이런 논의는 더 설득력을 갖게 되었다.

선거	당선자	전체유권자	당선투표수	전체득표율(%)
제13대 대선	노태우	25,127,158	8,282,738	33.0
제14대 대선	김영삼	28,676,547	9,977,332	34.8
제15대 대선	김대중	32,290,416	10,326,275	32.0
제16대 대선	노무현	34,991,529	12,014,277	34.3
제17대 대선	이명박	37,653,518	11,492,389	30.5

전반적으로 총선보다는 대선이 선거제도의 문제에 따른 선거결과의 불비례성을 다소 극단적이지만 잘 보여주고 있다. 최근 대통령 선거의 결과를 대표성과 연관시켜본 연구(강원택 2005)를 살펴보면, 민주화 이전의 선거에서는 1963년을 제외한 1967, 1971년 모두 50%가 넘는 득표로 대통령이 당선되어 대표성에는 큰 문제가 발생하지 않았다.[35] 이런 결과는 야당에 투표하는 유권자들이 제1야당의 후보에게 집중적으로 투표해 실질적인 양당 구조가 형성되었기 때문이다. 그러나 민주화 이후 정당정치가 지역을 기반으로 사실상 다당제화하면서 과반수를 획득한 후보는 나오지 않았다. 1987년 노태우 후보는 36%의 지지로 당선되었고, 1992년 김영삼 42%, 1997년 김대중 대통령은 40.3%로 당선되었다. 2002년 노무현 후보와 2007년 이명박 후보는 각각 48.9%, 48.7%를 획득해 거의 50%에

---

34) 이명박 정부의 대표성을 계산한 자료는 진보성향의 인터넷신문 대자보에서 가져옴 (http://www.jabo.co.kr/sub_read.html?uid=22735&section=sc22(검색일: 11/04/25).
35) 강원택(2005)의 연구는 2002년 제16대 대선까지만 분석해 2007년 제17대 대선의 내용은 저자가 첨부한 것이다.

육박했다. 그러나 기권자까지 고려하여 총 선거인수 대비 득표율을 살펴보면, 대선에서의 대표성 문제를 쉽게 간파해 볼 수 있다.

각 후보의 총득표수를 총선거인수로 나누어 본다면 〈표 3〉에서 보듯이 노태우 33%, 김영삼 34.8%, 김대중은 32.0%로 겨우 1/3을 넘는 수준이다. 최근의 두 대선에서도 표면적으로는 득표율 50%에 육박했으나 각 후보의 총득표수를 총선거인수로 나누어 보면, 노무현은 34.3%, 이명박은 30.5% 밖에 지지를 얻지 못했다. 각 후보의 득표율은 후보자의 수, 선거의 경쟁도 등에 따라 결정되기 때문에 일률적으로 이 기준을 적용하는 것은 문제가 있지만, 단순다수제와 다당제가 유지되는 한 대통령 선거의 대표성 문제는 계속 제기될 것으로 보인다.

이런 경향은 대선뿐만 아니라 국회의원을 선출하는 총선에서도 나타나고 있다. 총선에서 비례성과 대표성을 높이기 위해 혼합형 선거제도를 도입했지만 의도한 효과가 적절히 나타나고 있지는 않다. 익히 알려져 있듯이 정당명부식 비례대표를 도입한 취지는 우선 단순다수제의 문제점을 보완하여 득표와 의석의 비율을 맞추어 비례성을 높이려는 데 있었다. 비례대표제 도입의 또 다른 취지는 특정 지역이 아닌 전국적 지지를 받고 있는 군소정당들도 의회에 진출할 수 있는 기회를 얻어 기존의 소외받는 계층을 대표할 수 있는 정당의 원내 진출을 도모하기 위한 것이었다. 이와 아울러 2투표제도를 통해서 후보에 대한 지지와 정당에 대한 지지를 분리함으로써 인지도가 떨어짐에도 불구하고 새로운 소수 정당의 출현 가능성을 높이고자 하는 의도도 있었다.

그러나 한국에서 혼합형 선거제도는 특히 비례적 대표성 측면에서 의도한 결과를 도출하지 못했다는 것이 일반적인 평가이다. 혼합형 선거제도의 정치적 효과를 다룬 연구에 따르면 2004년 총선에서 선거의 비례지수는 87.9로 조사되어 민주화 이후 총선의 비례지수의 평균 88.5보다도 떨어져 비례성을 제고하는데 실패했다고 볼 수 있다(장 훈 2006). 최근 연구 역시 선거개혁론자들이 예상한 만큼의 선거의 비례성을 높이지 못했다고 평가하고 있다(어수영 2011). 따라서 비례성을 높이기 위한 대안으로 비례대표 의석의 수를 늘리는 방안이 제시되기도 하였다.

혼합형 선거제도의 두 번째 효과인 군소정당의 의회진출 가능성을 살펴보자. 2004년의 총선의 결과 민주노동당이 원내에 제3당으로 진입하여 총 10개의 의석을 차지했는데, 민주노동당 지역구에서 2개 의석, 비례대표선거에서 8개 의석을 획득하였다. 특히 유권자 중 20%가 지역구와 비례대표선거에서 서로 다른 정당을 선택하는 분할투표를 선택함으로써 군소정당은 약진할 수 있게 되어 선거체제의 개방성과 다원성이 향상되었다. 또한 의석수에 따라 받게 되는 국가보조금의 현저한 증가로 민주노동당과 같은 군소정당도 보다 효과적인 의정활동을 펼칠 수 있게 되었다. 예컨대 민주노동당이 원내 진입 전에 받았던 국고지원 예산은 40억 원에 불과하였지만 진입 후에는 연간 지원 예산이 120억 원으로 증가하게 되었다(장 훈 2006).

혼합형 선거제도의 도입과 더불어 주변적 계층, 소외자 등을 대표하기 위한 노력의 효과가 나타나고 있지만 기대했던 것만큼 크게 확대되지는 못 하고 있다. 먼저 2004년 개정된 정치관계법에서는 정당이 비례대표 국회의원선거 후보자를 추천하는 경우 50% 이상을 여성으로 추천하도록 의무화하고, 지역구 후보 총수의 30% 이상을 여성으로 추천 할 경우 보조금 지급하도록 하고 있다. 이 제도로 인해 제17대 국회부터 여성의원 비율이 급격히 증가하였는데, 전체 여성의원의 숫자는 제16대 국회의 5.9%에서 제17대 국회의 13.4%로 상승하였다. 제18대 총선 직후 여성의원의 비율은 13.7%, 그 후 시간이 지나면서 14.4%로 상승하였지만 제17대 국회와 거의 같은 수준을 유지하고 있다.[36] 이러한 전반적인 추세에도 불구하고 이러한 통계수치는 세계적인 여성의원 비율과 비교해 볼 때 그다지 높은 수치는 아닌 것으로 드러나고 있다. 전 세계 여성의원의 평균비율이 18.8%로 조사된 것과 비교해 볼 때 한국 여성의원 비율 14.7%는 아프리카 가봉과 같은 81위를 차지한 것으로 나타나고 있다.[37] 여성의 정치참여에 대한 국민적 관심이 높아지고 있는 현실을 감안할 때 비례대표제도의 도입에도 불구하고 여성의원의 원내진출이 매우 활성화된 것은 아니라고 할 수 있으며, 여성의원의 원내진출 촉진을 위한 제도개선도 필요한 시점이다.

2. 유권자 요구에 대한 낮은 반응성

선거는 정치인들이 정책을 추진하는 데 있어 국민들의 평가나 요구에 민감하게 반응(responsiveness)하도록 하고 그에 대한 정치적 책임을 물을 수 있어야 민주주의가 발전할 수 있기 때문에 반응성은 매우 중요하다. 민주주의의 심화와 반응성의 관계

---

36) 나라지표 홈페이지의 자료 http://www.index.go.kr/egams/stts/jsp/potal/stts/PO_STTS_IdxMain.jsp?idx_cd=1588(검색: 11/05/04).

37) 한국경제신문의 자료 http://www.hankyung.com/news/app/newsview.php?aid=201003055150d&ltype=1&nid=910&sid=8407&page=6(검색일: 11/05/07).

에 대한 연구는 이런 반응성을 보다 체계적이고 분석적으로 살펴볼 수 있도록 도와주고 있다. 우선 반응성은 위임반응성(mandate responsiveness)과 정책반응성(policy responsiveness)으로 둘로 나누어 볼 수 있다. 그리고 위임반응성은 세 단계 과정에서 나타난다. 먼저 정당들이 정책적 이슈에서 확실한 입장이 나타난다면 정치체제는 실용주의적 정당체제로 평가한다. 둘째 시민이 정치인에 대한 통제력을 유지하기 위해서는 정당간 혹은 후보간 프로그램의 차이를 인식하고 그것에 기초해 투표를 한다면 위임반응성은 높은 것이다. 마지막으로 정치인의 공약 이행여부이다.

위임반응성 중 선거제도와 관련된 것은 첫 번째와 두 번째 위임반응성이기 때문에 이 부분을 한국 사례에 적용해 보면 한국 선거정치의 반응성의 정도나 문제점을 살펴볼 수 있다. 즉 다음에서는 선거 기간에 정당별 정책적 차이가 있는지를 메니페스토(manifesto) 반응성으로 정의하고 이에 대해 분석하는 한편, 일반 유권자가 이런 차이를 인식하고 이에 기초하여 투표하는지는 정치지식(political knowledge) 반응성이라 정의하고 살펴 볼 것이다. 정책반응성은 정당이나 정치인이 국민의 선호에 얼마나 민감하게 반응하는지를 살펴보는 것인데, 이는 선거제도의 문제보다는 정당조직이나 이념의 유연성에 기인할 수 있기 때문에 이번 연구의 분석에서는 제외한다.[38]

먼저 정당들이 정책적 차이를 보이는 메니페스토 반응성을 살펴보기로 한다. 중앙선거관리위원회는 메니페스토 운동의 일환으로 선거 기간 중 주요 분야 정책 현안들에 대한 개별 정당들의 입장을

---

38) 반응성에 대한 이론적 기초는 로버츠(Roberts 2010)의 연구를 참조하였다.

		한나라당	통합민주당	자유선진당	민주노동당	창조한국당
경제 민생 분야	기업의 은행소유 금지	조건부 반대	찬성	찬성	찬성	찬성
	부동산 보유세 인하	기타	조건부 반대	찬성	반대	조건부 찬성
	법인세 인하	찬성	조건부 반대	찬성	반대	조건부 찬성
	수도권 규제 완화	조건부 찬성	조건부 반대	조건부 반대	반대	조건부 찬성
사회 복지 분야	대체복무제 도입	조건부 반대	찬성	반대	찬성	찬성
	이중국적 허용	조건부 찬성	조건부 찬성	조건부 찬성	조건부 찬성	조건부 찬성
	기반시설부담금 유지	조건부 찬성	조건부 찬성	반대	조건부 찬성	반대
	연금제도 통합	찬성	반대	반대	기타	반대
교육 환경 분야	자율형 사립고 대폭적 설립	찬성	반대	반대	반대	반대
	학생선발권 대학 부여	조건부 찬성	조건부 찬성	찬성	반대	조건부 찬성
	유류세 현행 유지	반대	조건부 반대	반대	찬성	반대
	그린벨트 점진적 해제	조건부 찬성	조건부 반대	조건부 찬성	반대	반대
정치 행정 분야	대통령 중임제 개헌	기타	기타	반대	찬성	반대
	신문·방송 겸영 허용	찬성	반대	조건부 반대	반대	반대
	행정중심복합도시 추진	찬성	찬성	찬성	조건부 찬성	조건부 찬성
	행정구역 전면 개편	조건부 찬성	조건부 찬성	찬성	조건부 찬성	찬성
외교 안보 분야	이라크 파병 지속	조건부 찬성	반대	찬성	반대	반대
	국가보안법 폐지	조건부 반대	조건부 찬성	반대	찬성	찬성
	대북경제지원·인권 문제 연계	찬성	반대	찬성	반대	반대
	한·미 FTA의 비준	찬성	조건부 찬성	조건부 찬성	반대	조건부 찬성

출처: 중앙선거관리위원회 2008

조사해 발표해 왔다. 〈표 4〉는 제18대 총선에서 주요 현안에 대한
정당들의 입장을 정리한 것이다.[39] 분야 선정과 내용은 전문가의 평

---

39) 중앙선거관리위원회 정당, 정책정보시스템의 자료임 http://party.nec.go.kr/
people/main/default/page.xhtml(검색일: 08/04/16).

가를 토대로 결정되었고, 5개 분야에 4개 문항씩 모두 20문항에 대한 당론 조사가 이루어졌다. 선정된 분야는 경제·민생, 사회·복지, 교육·환경, 정치·행정, 그리고 외교·안보이며, 당론에 대한 입장을 밝힌 정당은 통합민주당·한나라당·자유선진당·민주노동당·창조한국당 등 5개 정당이었다. 조사 결과, 민주당과 한나라당은 20개 현안 중 8개 현안에 대해서만 의견이 같거나 비슷하였다. 반면 민주당과 민주노동당은 14개 항목에서 서로 당론이 유사하였다. 한나라당은 자유선진당과 13개 항목에서 일치하거나 유사한 답변을 내놨다. 정당이 스스로 밝힌 분야별 입장만 본다면 메니페스토 반응성은 중간 수준 이상이라고 평가할 수 있다.[40]

한편 정당별 입장 차이는 분야에 따라 다르게 나타났다. 특히 외교·안보분야의 경우 정당의 이념에 따른 입장차가 확연히 나타났다. 한미 FTA의 비준을 제외한 이라크 파병 지속, 국가보안법 폐지, 대북경제지원과 인권문제 연계에 대한 입장에서 보수정당인 한나라당과 자유선진당의 입장이 같고 진보정당인 통합민주당, 민주노동당, 창조한국당의 입장이 보수정당과 상반되어 메니페스토 반응성은 매우 높은 것으로 나타났다. 반면에 교육·환경 분야에서 정당 간 입장 차이가 가장 적은 것으로 나타났는데, 자율형 사립고 대거 확대, 대학에 대한 자율적 학생선발권 부여, 유류세 현행 유지의 경우 보수와 진보의 입장차가 크지 않고 다섯 정당 중 네 정당이 비슷한 입장을 취하고 있다. 물론 이런 입장이 계속 유지되는지에 대한

---

40) 주요 정당인 통합민주당과 한나라당만 살펴보면 외교안보, 경제민생, 사회복지 분야에서 5개 질문 중 4질문에서 상반된 입장을 취하고 있으며, 정치행정, 교육환경 분야에서는 5개의 질문 중 3개의 질문에서 상반된 입장을 취하고 있어 주요 정당의 메니페스토 반응성은 높은 편이라고 평가할 수 있다.

분석은 위임정당성의 마지막 차원이고 향후 이에 대한 분석도 필요하다고 보인다.

정치지식 반응성, 즉 시민이 정치인에 대한 통제력을 유지하기 위해서는 정당간 혹은 후보간 정책의 차이를 인식하고 그것에 기초하여 투표하는지를 살펴보았다. 한국 유권자의 후보자 선택과 관련해서 인지요인, 결정요인, 이미지요인을 후보자 선택에 영향을 미치는 요인으로 모델화한 어떤 연구는 선거에 따라 중요한 투표결정에 영향을 미치는 요인이 다를 수 있으며, 유권자의 후보자 선택의 결정요인은 2002년과 2006년 지방선거는 인물요인, 2004년과 2008년의 총선은 정당요인이 가장 중요한 요인이라고 분석하였다(송건섭 2010). 이런 결과에 따르면 결국 공약요인은 상대적으로 덜 중요한 요인으로 작용한다고 볼 수 있으며 정치지식 반응성은 떨어진다고 평가할 수 있다.

일반적으로 거대 지역정당에 지배되는 선거는 정치지식 위임성이 더 떨어질 것으로 예상된다. 대구, 경북지역 유권자들의 의식조사연구에서 유권자의 후보결정요인 중 가장 중요하게 나타난 것은 개인적 측면이었다. 후보자 개인의 능력과 결단력과 추진력 등과 관련된 리더십이 즉 개인의 능력이 62.7%, 후보자의 선거공약이 15.2%, 후보자의 소속정당이 6.3%로 조사되어 선거공약이 차지하는 비중은 매우 낮은 것으로 조사되었다(조현걸 · 박창규 2000, 232). 지역주의가 강력한 대구, 경북지역에서도 정치지식 반응성은 낮은 것으로 보인다.

결론적으로 메니페스토 반응성은 정치지식 반응성보다 높다고 평가할 수 있다. 민주주의의 심화를 위해서는 정치지식 반응성을 높이는 과제가 시급한데 이를 위해서 일반 국민이 정치에 보다 많은 관심을 가질 수 있도록 보다 자유로운 선거운동과 다양한 정치 참여 통로가 필요하며 특히 정치지식 반응성을 높이기 위해 정당의 지역 지배체제를 완화해야 한다.

II. 규제 중심의 선거운영

한국인의 가치관에 대해 행정부 특임장관실이 최근 실시한 설문 조사에서 보면 정치권에 대한 불신은 더 악화되어가고 있는 것으로 드러났다. "우리나라에서 가장 신뢰받고 있는 집단은 어디라고 생각하느냐"는 설문에 청와대는 3.4%, 국회는 2.9% 정도의 응답비율에 그쳐 최하위로 나타났다. 국민의 신뢰도가 가장 높은 것으로 조사된 집단은 학계로 22.3%, 그 뒤를 이어 언론이 20.6%, 대기업이 15.6%의 응답비율을 보였다. 공무원이라고 응답한 비율은 10.2%, 검찰·법원이라고 응답한 비율은 8.1%로 나타나 공공기관, 특히 정치집단에 대한 국민의 불신이 가장 높은 것으로 조사되었다.[41]

이런 정치에 대한 불신은 선거를 바라보는 인식과 운영하는 제도에도 영향을 미치고 있다. 이러한 문제를 가장 실감나게 표현한 글로 노무현 전 대통령의 회고록에서 밝힌 한국 국민의 선거인식과 제도에 대한 생각을 다음과 같이 간단히 인용해 보고자 한다.

---

41) 특임장관실이 2011년 2·4월 두 번 실시한 '한국인의 가치관' 조사결과에 대한 『조선일보』, 11/05/06의 내용 http://news.chosun.com/site/data/html_dir/2011/05/05/2011050500224.html(검색일: 11/05/14).

사실 선거법은 굉장히 문제가 많습니다. 핵심은 선거를 바라보는 인식입니다. 옛날에는 선거란 나라를 혼란스럽게 하는 일, 시끄럽게 하는 일, 아니면 귀찮은 일로 생각했습니다. 그래서 그 기준에 맞는 규정을 만들었는데 지금도 그 잔재들이 많이 있습니다. 지금도 선거의 과열, 혼란, 이런 이야기를 계속한다는 것입니다…… 어깨띠를 매면 어지럽다고 하지 말라고 하는데 어깨띠를 보고 어지러워서 기절하는 사람을 저는 본 적이 없습니다. 돈 쓰지 않고 거짓말 하지 않는 것이 중요합니다(노무현 2009, 245-6).

인용문에서 알 수 있듯이, 선거 자체가 문제가 있기 때문에 이를 통제하고 규제해야 한다는 인식이 존재하고, 이러한 인식으로 인해 선거과정에 불필요한 규제가 증가하고 있고 결국 선거운동의 자유가 훼손되고 있다는 점을 주목할 필요가 있다. 선거에 대한 이런 부정적 인식의 배경에는 과거 권위주의 시절 당시 정부가 대통령과 여당에 대한 비판을 통제한 상태에서 절대적으로 유리한 입장을 차지한 후 선거를 운영하려고 의도한 결과 선거의 부정적 측면을 과장해 온 역사적 요인도 존재한다. 민주화 이후에는 선거경쟁이 과열되는 과정에서 불법 선거자금이 확대되면서 이에 대한 국민의 염증과 지속적 비판도 중요한 요인이 되었다. 이런 인식과 규제적 중심의 선거제도가 오랜 기간 유지되면서 제도적 지속성이 형성되었다(유현종 2011).

2004년 정치관계법 개정에서도 선거법은 선거의 자유와 정치인의 정책경쟁보다는 돈을 덜 쓰는 선거로의 개혁에 초점이 맞추어져 있어서 지금 현재 많은 문제점을 야기하고 있다. 개정된 정치관계법은 '고비용-저효율'의 한국 선거 및 정치 문화를 바꿈으로써 보다 공정하고 투명하게 선거가 진행될 수 있도록 하고, 특히 '돈 선

〈표 5〉 개정 정치관계법의 기대효과와 결과

	개정 후	기대효과
선거법	합동연설회 등 폐지	조직동원형 선거운동 근절
	언론매체를 이용한 선거운동 확대	매스미디어 선거운동으로 전환하여 저비용고효율 선거운동방식 정착
	선거법선거비용에 대한 규제 강화	선거비용의 투명성을 제고하고, 처벌을 강화하여 깨끗한 선거 정착
정당법	지구당 폐지	고비용을 정치구조를 없애고, 조직선거운동의 폐해 근절

거'를 막기 위한 다양한 제도를 도입하였다. 개정된 정치관계법 중 정치자금과 관련된 사항을 간략히 살펴보면 다음과 같다. 선거법의 경우 먼저 합동연설회, 정당, 후보연설회를 폐지하였다. 선거기간 중 조직동원과 고비용의 대표적 예로 거론된 야외 연설회는 폐지되고 거리연설만 허용하였다. 연설회 폐지로 후보자를 알릴 수 있는 수단이 제한되기 때문에 선거방송 토론위원회를 중앙선거관리위원회 내에 설치하고 후보자들의 대담, 토론회를 개최하고 비용이 저렴한 언론매체를 이용한 선거운동 확대를 꾀하였다. 또한 선거비용에 대한 규제도 강화되었다. 선거비용의 투명성을 제고하기 위해 선거비용을 일정 금액 이상 지출하게 될 경우 수표나 신용카드 사용을 의무화하였다. 이와 함께 회계보고의 조사, 자료 제출요구 등을 쉽게 할 수 있도록 하고 허위보고, 불법 행위에 대한 처벌도 강화하였다. 정당법의 경우 과도한 운영비, 조직관리 등으로 문제가 되어 온 지구당을 폐지하기로 하여 정치자금의 수요를 줄이는 방향으로 개정되었다. 〈표 5〉는 정치관계법 개정 내용과 그 효과를 정리한 것이다.

그러나 이러한 취지로 추진된 개혁은 선거자금의 투명화에 초점을 맞추고 돈 안 드는 선거에 우선순위를 두다 보니 다음과 같은 문제점들을 야기하였다. 우선 선거운동 과정에서 유권자에게 후보를 알릴 수 있는 기회가 줄어들게 되었고, 후보자를 알리는 방식도 제한되었다. 따라서 이미 알려진 현역의원보다 인지도가 낮은 정치신인은 자신을 알릴 수 있는 기회가 제한될 수밖에 없게 되어 문제점으로 지적되었다(중앙일보 04/04/17). 또한 한국 사회의 높은 정보화 수준을 이용한 온라인 선거운동이 중요한 선거운동방식으로 자리 잡게 되었는데, 그 결과 정보접근이 용이하지 못하고 과거 선거운동에 익숙한 노년층이나 정보접근이 용이하지 못한 계층의 정치적 소외가 문제점으로 지적되었다.[42] 정보화에 따른 부작용으로는 새로운 저비용의 정보기술이 선거운동에 더욱 빈번히 사용되고 있지만, 이러한 현실을 반영하는 법적 제도화가 지체되어 이러한 정보화 선거운동이 불법 선거운동으로 취급되는 경우가 많아졌다. 따라서 이러한 문제점을 두고 볼 때 선거에 대한 불신, 규제 중심의 선거운영, 선거정보와 방식 제한의 악순환이 지속된다면 민주적 선거가 추구하는 대표성, 반응성, 책임성을 담보할 수 없기 때문에 보다 자유로운 선거를 제도화할 수 있는 방안이 제시되어야 한다.[43]

---

42) 선거법과 정당법, 그리고 그 문제점을 지적한 내용은 임성학(2005)에서 발췌한 내용을 부분 수정한 것이다.

43) 유현종(2011, 108)은 "정치문화가 성숙되지 못하여 불법 선거운동이 증가하는 상황에서 억압적 선거운동 규제를 전면적으로 폐지하기에는 불확실성"이 있다고 주장하면서 전면적 개편은 반대하는 입장을 취하고 있다. 그러나 2004년 정치관계법 실시 이후 국민과 정치권에서 피부로 느낄 만큼 선거운동은 깨끗해졌다는 측면에서 민주주의 심화를 위해서는 보다 자유로운 선거운동으로 전환되는 것이 바람직하다.

제2부

한국 민주주의 심화의 과제

제6장

대통령제의 정상화

1987년 민주화 과정을 거치면서 민주주의 공고화가 일단락된 이후 대통령제와 관련된 민주주의 심화의 과제는 대통령제의 정상화로 규정될 수 있다. 제6공화국하의 한국의 권력구조는 대통령이 국가원수이자 행정부의 수반인 대통령제를 중심으로 유지되어 왔고, 최근 진행되는 개헌 논의 역시 대통령제의 골격을 유지하면서도 그 부작용을 최소화하기 위한 방식으로 진행되고 있다.

대통령제 권력구조는 정치 엘리트와 유권자들에게 가장 익숙한 제도가 되었고, 따라서 대통령제의 근간을 유지하면서도 이의 부작용과 부정적인 측면을 최소화하는 것이 대통령제와 관련된 민주주의 심화의 과제가 되었다고 해도 과언이 아니다. 즉 대통령제의 대통령 중심제적 경향을 완화하면서 상대적으로 의회의 권한을 증대시키고, 대통령제의 승자독식적 경향과 관련된 전후임 대통령 간의 알력을 최소화하여, 지나치게 대통령에 의존하고 있는 정치과정을 개혁하는 것 등이 민주주의 심화의 중요한 과제가 될 것으로 보인다.

이러한 관점에서 이 장에서는 대통령과 행정부에 귀속된 인사권 및 예산권의 개혁과 측근 정치의 폐해를 극복하는 방안에 대해서 논의하고자 한다. 이를 위해서 먼저 대통령에게 지나치게 집중된 권한을 상당 부분 국회로 이전하는 문제와, 대통령의 권력이 대통령 주변 인물들로 인해서 탈법적으로 행사되지 않도록 하는 조치 등에 대해서 개괄적으로 검토해 보고자 한다. 이어서 한국 대통령제의 고질적 문제의 하나인 전후임 대통령 간의 갈등 문제를 해결하기 위한 계승과 축적의 정치가 어떠한 방식으로 달성될 수 있는지에 대해서 논의하고자 한다. 마지막으로 지나치게 대통령을 중심으로 진행되는 정치과정의 부정적 현상을 극복하기 위해서 의회 및 정당이 어떠한 방식으로 자신의 자율성을 제고해야 하는지에 대해서 그 대안을 제시하려고 한다.

I. 집중된 대통령 권한의 축소

1. 인사권과 예산권의 개혁[44]

한국 대통령제의 대통령 중심제적인 성격을 완화시키면서 대통

---

44) 대통령의 인사권 및 예산권의 개혁에 관한 보다 상세한 논의는 이 책의 제7장 "국

령의 권한을 견제하기 위해서는 대통령의 인사권에 대한 견제와 통제가 아울러 필요하다. 대통령의 인사권에 대한 국회의 효과적인 견제능력의 향상을 위해서는 우선 현재 실행되고 있는 국회 인사청문 기간이 좀 더 길어져야 한다. 한편 대통령이 지명한 인물에 대한 보다 심도 있는 정책능력의 검증을 위해서는, 인사청문 과정이 지나치게 당파적인 대결로 흐르지 않고 실질적으로 후보자의 자질을 검증할 수 있는 인사청문회가 될 수 있도록 여야가 사전에 의견을 조율하고 자격을 갖춘 후보인지를 검증하기 위해 공동으로 노력해야 한다. 이와 같이 여야가 공조하여 인사청문회를 진행할 경우에만 국회는 대통령의 자의적인 인사권을 견제할 수 있고 국민을 대표하여 국민의 공복을 선별해 냄으로써 위상의 제고를 도모할 수 있을 것이다.

사실 대통령을 중심으로 한 행정부를 견제할 수 있는 의회권한의 진정한 원천은 바로 행정부가 거두어들이고 또 쓰는 '나랏돈'에 대한 실질적인 통제권 행사에 있다. 우리 국회가 명실상부한 국정의 파트너로서 대통령을 견제하고 대통령의 정책대안에 대해서 자신의 고유한 정책대안을 제시할 수 있기 위해서는 국회 스스로가 예산안을 편성하고 이를 추진할 수 있는 권한, 즉 '나랏돈'에 대한 실질적인 통제권한을 확보해야 한다. 정부예산에 대한 이러한 권한이 강화될 경우에만 이를 바탕으로 우리 국회가 대통령의 정책을 변경시키고 자신의 대안을 제시하는 것이 가능해지고 실질적인 국정의 동반자로 대통령을 견제하거나 지원할 수 있을 것이다. 이러한 국

회의 입법 및 정책기능 강화"에 잘 나타나 있기 때문에 여기에서는 논의의 중복을 피하기 위해서 원론적 수준의 언급에 그치기로 한다.

회 예산권의 강화가 헌법개정을 동반하는 것이라면 오늘날 논의되는 권력구조의 개편논의 못지않게 예산편성권을 국회만이 갖는 예산법률안의 형태로 만드는 것이 필요하다. 이것이 당장 실현될 수 없을 경우 관련 법률의 제정이나 개정을 통해서 행정부가 사용할 나랏돈에 관한 국회의 통제권을 강화하는 방식이 반드시 고려되어야 한다.

2. 측근정치의 폐해 극복

한국 대통령제의 커다란 문제점 가운데 하나는 대통령의 혈육 및 대통령 선거 후원자 혹은 캠프 참여자를 포함하는 측근정치의 폐해로서, 이는 대통령의 권력이 지나치게 강하고 광범위하며 동시에 견제되지 않고 있다는 사실에서 기인한다. 이같은 측근정치의 폐해를 극복하기 위해서는 대통령의 권한을 축소하고 이를 견제할 수 있는 방법이 우선 마련되어야 한다. 따라서 이러한 노력은 원론적인 수준에서 볼 때 대통령과 행정부에 대한 국회의 권한을 강화시키는 것으로부터 출발해야 하며, 이와 관련해서는 이미 앞에서 그 개괄적인 방안이 이미 제시되었다.

이에 더하여 행정부 산하 위원회의 위원 및 위원장 등 대통령이 직접적으로 영향력을 행사할 수 있는 기관의 장에 대한 임명에 있어서 그 구성과정이 대통령뿐만 아니라 국회, 시민단체, 그리고 해당 분야별 전문기관의 합의하에 이루어질 수 있도록 해야 하고 위원장의 임명은 대통령의 일방적인 임명보다는 호선에 의해서 결정되는 것이 바람직할 것으로 보인다. 이럴 경우 정치적 혜택을 위한 대통령 측근의 노력이 효과를 발휘할 가능성이 감소되고, 이들을 통해서 이러한 임명과정에서 특혜를 얻으려는 비리세력의 접근이 줄어들 것이기 때문이다.

한편 제도적인 수준에서 대통령이나 행정부의 직접적인 영향력 아래에 있지 않는 기구를 통해서나, 아니면 새로운 독립 기구의 창설을 통해서 권력형 비리를 감시하고 이를 예방할 수 있는 제도가 마련되어야 한다. 이를 위해서 감사원의 회계감사 기능을 국회로 이전하고, 행정부 감시 기능을 중심으로 감사원이 활동하기 위해서는 행정부에서 분리되어 독립된 기관으로 발전하는 것이 바람직하겠다. 혹은 국가청렴위원회와 같은 기구를 부활시키든지 이와 유사한 기관을 만들어서 청와대나 대통령 권력주변의 인물에 대한 적극적인 감시활동을 전담하게 하는 방법도 생각해 볼 수 있겠다.

이러한 제도적인 방책과 더불어 중요한 것은 실제로 권력을 행사하는 대통령 및 대통령 주변인물들이 "권력은 사유화될 수 있는 것이 아니며 국민을 위해서 위임된 기간 동안 공익을 위해서 사용되어야 한다"는 강한 정치적 윤리의식을 더욱 확고히 하는 것이 중요하다. 이러한 정치적 윤리의식을 제고하기 위해서 대통령 선거운동부터 대통령 후보자 및 그 측근에 대한 국민과 시민단체의 부단한 감시와 관찰이 필요하다. 또한 대통령 후보를 포함한 공직 후보자들은 권력은 공익을 위해서 행사되어야 하며 무엇보다도 헌법과 법률이 정하는 범위 내에서 행사되어야 함을 엄중히 인식하는 것이다. 이러한 강한 정치적 윤리의식이 전제되지 않을 경우 대통령 측근으로 인한 비리를 그치지 않을지 모르며, 대통령의 권력을 통해서 사적인 이익을 도모하려는 세력의 유혹과 이로 인한 권력형 비리는 지속될 것이다.

II. 계승과 축적의 대통령제 모색

대통령제의 승자독식 경향과 결부되어 있는 문제로서 한국 대통령제의 문제점은 전직 대통령의 업적에 대한 계승과 축적이 없이 전현직 대통령 간의 관계가 대체로 갈등의 관계로 점철되어 왔다는 점에 있다. 민주화 이후의 경우를 보더라도 일반적으로 새로 당선되는 대통령은 전임 대통령이 자기와 동일한 정당 소속 여부를 막론하고 강한 차별화를 시도하는 경향이 있었고, 이러한 과정에서 전직 대통령의 업적을 폄하하거나 그 계승을 거부하는 경향이 있었다. 그러나 새로운 대통령과 정권이 과거의 제도나 유산을 모두 부정하려는 시도는 사실 말만큼 쉬운 것이 아님은 물론이고 정치보복의 악순환을 불러오고 축적의 정치를 불가능하게 만들기 때문에 이에 대한 발상의 전환이 필요하다.

우선 정권교체에 따른 선순환의 정치를 만들어 내기 위해서는 대선 이후 청와대의 주인이 바뀔 때마다 구정권과 신임정권의 책임 있는 당사자들이 서로 협조하는 관행을 만들어 내는 것이 필요하다. 이는 진보에서 보수로 혹은 보수에서 진보로 서로 이념을 달리하는 행정부가 들어설 때만이 아니라, 동일한 이념을 표방하는 정권 간에 권력교체가 있을 경우에도 절실히 요청된다. 이러한 정권 교체기의 협조는 단순히 대통령 당선자에게 제공되는 중요 국가적 사안에 대한 의례적인 정책 브리핑 차원을 넘어서서, 신정부와 구정부가 권력교체기의 국정누수 현상을 막고 국가의 중대한 사안에 대한 정책적 연속선을 확보하여 대내적으로 안정적인 국가운영을 도모하고 대외적으로는 한국의 국가적 위상이 손실되지 않도록 하는 데에도 중요하다. 이를 위해서 신정권이 인수위원회를 구성할 단계에서부터 적극적으로 전임 대통령의 측근이나 청와대 참모의 의견을 물어가면서 새로운 국정운영의 좌표 설정에 활용할 필요가 있다. 이와 관련하여 "현 정부(이명박 정부: 필자주) 인사들이 혹시 남몰래라도 과거의 노하우나 경험담을 물어온 적은 없나요?"라는 중앙선데이 기자의 질문에 대한 노무현 정부 당시 민정수석비서관을 지낸 문재인 변호사의 답변은 경청할 만하다.

> "전혀 없었어요. 저희랑 접촉하는 자체가 금기인가봐요. 자기들도 속으론 궁금한 게 많을 텐데. …… 그런 일들에 대해 '그때는 어땠느냐'고 물어올 법도 한데 전혀 없어요. 대통령은 대통령끼리, 민정수석은 민정수석끼리, 아무리 성향이 달라도 경험을 서로 공유할 건 해야 하지 않겠습니까"("노재현 묻고 노무현의 남자 문재인 답하다." 중앙선데이 11/02/02).

물론 대선을 통해서 권력이 교체될 경우 전임자의 정책에 대한 국민의 신뢰가 현저히 저하되고 그 정책의 효과성에 대한 의문이 강하게 제기될 경우, 신임 대통령은 이러한 정책을 더 이상 유지할 필요가 없을지 모른다. 그러나 그렇지 않은 경우, 즉 전임자의 정책이 어느 정도 국민적인 공감대를 확보하고 추진되어 이러한 정책의 효과에 대한 기대감이 높으며 그 결과가 가져올 정책적 실익이 현저하다고 판단될 경우, 후임 대통령은 자신의 공약에만 집착하여 전임자의 정책적 업적을 폄하하면서 이를 무용지물로 만들 필요는 없다. 오히려 이를 보다 전향적으로 수정하거나 건설적으로 발전시켜 자신의 치적으로 만들 수도 있을 것이다. 이러한 축적의 정치를 위해서 대선 이후 권력교체기에 신구 권력의 책임자들은 상호 긴밀한 협조를 통해서 정치적 지혜를 모으고, 이를 통해서 정치보복의 폐단을 극복하고 축적의 정치를 위해서 노력하면서 향상된 정치문화를 창출할 필요가 있다.

축적의 정치는 무엇보다도 퇴임하는 정권에 대한 정치적 보복이 있어서는 안 된다는 합의를 통해서만 추진될 수 있을 것이다. 전임 대통령 기간 중에 있었던 부정부패나 권력형 비리는 그 사안에 따라서 조사되고 형벌이 부과될 필요가 있겠지만, 이러한 조사와 처벌이 국민이 공감할 수 없는 정치보복적인 성격을 띤 것일 경우 한국 대통령제는 대통령제 고유의 승자독식이라는 문제와 결부되어 권력전유에 대한 무조건적인 응징이라는 악순환을 거듭할 수밖에 없을 것이며, 이 경우 대통령을 중심으로 한 책임정치나 핵심적인 제도개혁은 이루어지기 어렵다. 이와 관련하여 오랜 기간 동안 정치인으로 활동한 서청원 전의원의 아래와 같은 증언은 경청할 만하다.

> "차기 대통령 후보자는 선거공약으로 정치보복 금지를 선언해야 한다. 권력이 바뀔 때마다 편을 갈라 상대편을 배척하고 적으로 모는 게 한국정치사의 관행이다. 그러다 보니 여야가 사생결단으로 싸우고 같은 당에서도 파벌을 나눠 으르렁댄다. 이런 정치가 종식되지 않으면 어떠한 정권도 성공할 수 없고, 국가도 앞으로 나아갈 수 없다."("친박, 친이 따지지 말고 재집권 위해 힘모아야." 중앙선데이 11/04/24)

이러한 관점에서 볼 때 전임 대통령의 책임하에 이루어진 정책적 판단을 존중하여 그 업적은 보존하되 그 과오를 정치적 동기에서 보복하는 것을 방지하여 축적의 정치를 도모하기 위해서는, 정치적 성격의 보복을 금지하는 법률을 제정하는 것도 필요할 것으로 보인다.

III. 정치과정의 탈대통령화 추구

1. 정당과 입법의제의 탈대통령화

한국 대통령제의 문제점과 관련하여 위에서 이미 지적한 한국 정치과정의 과도한 대통령화 현상을 방지하고 극복할 수 있는 방안은 정당정치와 의회정치의 자율성을 확보하는 것이다. 정당정치와 의회정치가 대통령의 공식적·비공식적인 영향력에서 벗어나 독자적인 정책결정 및 심의능력을 키우고 제도화될 수 있다면, 대통령의 의회 및 정당정치 지배현상은 완화되거나 극복될 수 있을 것이다.

이와 관련하여 먼저 대통령 선거과정에서 정당통합과 신생정당 창당의 반복이 유력한 대통령 후보를 만들어내기 위한 방편으로 전락되는 현상을 최소화할 수 있어야 할 것으로 보인다. 이는 무엇보다도 한국 정당이 어떠한 형태이든 정당 구성원인 당원과의 유대를 강화하여 제도화되고 정책지향적인 방향으로 전화될 것을 요구한다.[45] 이러한 주장은 한국 정당이 반드시 선거정당의 성격에서 벗

---

45) 이러한 문제에 관한 보다 자세한 논의를 위해서는 이 책의 제8장 "정당 민주주의의 제고"를 참조하기 바란다.

어나 대중정당이 되어야 한다는 주장이 아니며, 더구나 대중정당만이 정책정당이 될 수 있다는 주장은 더욱 아니다. 이러한 주장의 요체는 후기 산업사회사회와 정보화사회의 전반적인 정당환경의 변화 속에서 선거정당적인 면이 강화되는 것은 사실이지만, 그럼에도 불구하고 변화된 환경과의 상호작용에서 탄생한 선거정당이 정당지지와의 일체감을 망실하고 이러한 일체감의 토대가 되는 정책지향성을 방기한 채 대선 승리용 후보자를 영입하고 오로지 대선의 승리만을 위해서 이합집산할 경우 정당은 대선 후보자나 당선자의 포로가 되어 선거 이후 이들의 영향력으로부터 자유로울 수 없음을 의미하는 것이다.[46]

한편 대통령 선거 기간 동안 의원들이 본연의 업무인 의정활동을 방기한 채 선거캠프에 참여함으로써 나타나는 의회정치의 부실화와 대선 후보를 둘러싼 공방의 문제를 방지하기 위해서는 근본적으로 국회의원 공천제도가 상향식 공천제도로 변화될 필요가 있다. 유력한 대선주자의 선거운동에 헌신하는 반대급부는 다름 아니라 차기 총선에서 공천을 보장받는 것인 경우가 대부분이며, 따라서 재선을 의정활동의 최고의 목적 가운데 하나로 삼는 의원의 동기를 염두에 두고 볼 때 현재와 같은 하향식 공천제도의 개혁이 없이 이러한 현상을 방지하는 것은 현실적으로 불가능하다. 따라서 국회가 선거기간 동안에도 자신의 가장 중요한 역할인 의정활동을 소홀히 하지 않고 민심의 수렴과 민생을 위한 정책의 개발에 주력하게

---

46) 대통령 선거용 정당의 부정적인 사례는 바로 자신을 대통령으로 만든 새천년 민주당을 탈당하여 열린 우리당을 만든 노무현 대통령의 사례에서도 발견될 수 있는데, 이러한 현상이 시사하는 바 가운데 하나는 대통령 후보를 위한 정당의 취약성이라고 할 수 있다.

하기 위해서는 총선 공천권에 대한 대통령의 영향력을 최소화할 수 있는 방법을 고려해야 하며, 이는 상향식 공천이라는 제1의 원칙을 중심으로 하는 공천개혁에 있다고 할 수 있다.

또한 국회 입법의제의 대통령 지배현상 및 이와 관련된 여야 간의 첨예한 대립을 방지하기 위해서는 두 가지 정도의 여건이 마련되어야 할 것이다. 첫 번째는 국회 내 정당의 자율성이 어느 정보 확보되어야 할 것이라는 점이고, 둘째는 현재 행정부와 여당을 중심으로 진행되는 당정협의회가 여당의 충분한 의사가 수용되는 방향으로 개선되어야 할 뿐만 아니라 야당의 의견이 반영되는 새로운 방식이 도입될 필요가 있다는 것이다.

첫 번째 여건과 관련하여 본원적으로 중요한 사항은 이미 언급된 바 있듯이 의원 자율성의 진작을 위한 국회의원 공천제도의 상향식 개혁이다. 상향식 공천제도의 도입을 위한 개혁 노력과 함께 대통령의 입법의제 주도권에 대한 견제와 의회의 정책결정 대안 제시능력의 제고를 위해서는 상임위원회를 중심으로 한 의원 상호 간 혹은 여야 간의 정책적 토론의 심의과정이 보다 활성화될 필요가 있다. 대통령 정책어젠다의 입법화를 추진해야 하는 여당 지도부나 이를 저지하면서 자신의 위상을 확인하고 반대를 동원해야 하는 야당 지도부와 달리, 작은 규모에서 소관영역에 관련된 입법의제를 논의하는 상임위원회는 대통령이나 정당의 영향력에서 벗어나 사안이 요구하는 행정적 지원이나 정치적 타협을 보다 용이하게 달성할 있을 것이다. 이와 더불어 사안별로 국민의 의견을 보다 신속하게 수렴하고 이를 통해서 정책적 필요성이 무엇인지를 가장 일차적으로 논의할 수 있는 기관이 상임위원회임을 고려할 때 상임위원회의 위상과 권한 강화를 통해서 대통령의 입법의제를 수정하고 대안을 제시할 수 있는 의회 고유의 역량이 축적되어야 한다.

2. 야당의 의견경청과 수렴과정

마지막으로 행정부와 여당 중심으로 운영되는 당정협의회의 논의과정에서 여당의 의견이 보다 적극적으로 반영되는 한편, 사안에 따라서 야당의 대표를 참여시키는 것도 필요하다. 민주화 이후 진행되어 온 대부분의 '행정부-여당' 간 당정협의회는 일차적으로 행정부가 수립한 정책을 여당에 전달하고 여당의 피드백을 구하는 순서를 밟아 왔다. 이러한 과정에서 여당 내 정책위원회는 실질적으로 대안을 제시하는 역할을 수행하지 못하였고, 여당은 대통령이나 총리가 주재하는 내각에서 결정된 정책어젠다가 야기할 정치적인 결과를 고려하여 예상되는 정책결과에 대한 의견을 개진하는 정도에서 자신의 역할을 제한하여 왔다.

이러한 관행은 국회를 주도하는 여당의 기능을 위축시켜 대통령의 정책어젠다가 사실상 의회정치를 지배하게 만들었으며, 사안에 따라서는 대통령의 정책어젠다에 대한 여당의 수정 혹은 재논의과정을 생략함으로써 대통령 입법의제를 둘러싼 여야 간의 첨예한 정치적 대립만을 초래해 왔다. 이명박 행정부가 추진해 온 신문법 및 방송법 개정과 신행정수도 특별법 철회와 같이 여당 안에서 의견대립이 있을 경우에는 여당 국회의원 간에도 반목과 대립이 여야 간의 대립과 중복되어 의회정치를 마비시키기도 하였다. 이러한 사태를 방지하고 대통령의 일방적인 정책어젠다 주도를 견제하기 위해서는 여당이 대통령의 정책어젠다를 충분히 숙의할 수 있는 시간을 주어야 하며, 행정부 정책결정의 초기 단계에서부터 사안의 정치적 결과에 대한 고려가 여당 지도부와 함께 충분히 논의되어야 한다.

이에 더하여 행정부 주무부서의 책임자가 야당을 방문하여 설명하는 수준에서 벗어나, 행정부와 여당 간의 당정협의회와 별도로 일정수준에서 정례화된 야당과 행정부 간의 대화의 채널 확보도 필요할 것으로 판단된다. 또한 권위주의 정권시절부터 간헐적으로 활용되어 온 여야 영수회담도 야당의 의견을 입법과정에 반영하는 데 도움을 줄 수 있을 것으로 보인다. 여야 영수회담의 방식은 비록 정례화될 수 없고 비공식적인 성격을 지니고 있지만, 대통령과 야당 대표 간의 회담이라는 점에서 상징성이 높고 여야 간 신뢰를 높이고 정확한 의사전달을 위해서 필요한 절차라고 보인다. 노무현 정부 당시 북한 핵문제나 한미동맹의 변환과 같이 그 성격이 매우 중차대한 사안이나, 이명박 정부의 제2의 행정수도 건설안 철회나 신문법 및 방송법의 개정과 같은 긴요한 문제와 관련하여 야당을 협의과정에서 배제하거나 정책 통고의 대상으로만 파악하는 것은 장기적으로 대통령과 야당 간의 불신과 대결을 심화시켜 문제의 해결을 어렵게 만들 수 있다.[47] 특히 여당 내에서 분파정치가 활성화될 경우 대통령이 야당의 이해와 협조를 구하기 위해서 이들의 의견을 어떠한 형태로든 경청하고 이들의 의견이 정책작성의 초기단계에 반영되도록 노력하는 것이 필요하다.[48]

---

47) 야당의 경우는 아니지만 여당과 행정부와의 당정관계의 제도화에 관한 논의와 그 문제점에 관해서는 이정희(2004)를 참조하기 바란다.

48) 이 외에도 야당이 발의한 법안에 대해서만 특별히 국회가 심사하는 날짜를 정해 놓고 이를 집중적으로 심사하는 제도를 통해서 야당의 의견을 입법과정에 적극적으로 반영하는 방식도 고려해 볼 수 있다.

지금까지 이 장에서는 한국 민주주의 심화의 과제와 관련하여 우리 권력구조의 핵심인 대통령제의 개선과제를 개괄적으로 검토해 보았다. 이미 이 책의 제2장에서 민주주의 공고화 이후 한국 대통령제의 문제점과 관련하여 지적한 바 있듯이 한국 대통령제의 문제점 및 개선과제는 우리 국회 및 정당의 문제점 및 개선과제와 밀접하게 연결되어 있다. 대통령제의 정상화를 위한 과제는 이에 상응하는 국회의 개혁을 필요로 하고, 이는 또한 정당정치의 제도화 등 정당정치의 민주주의 심화를 요청하고 있다. 예컨대 견제와 균형의 대통령제 확립이라는 과제는 국회의 행정부 견제 및 감독기능 강화와 밀접하게 연관되어 작동하는 개혁과제이며, 또한 이러한 국회의 개혁과제가 추진되기 위해서는 의회 내 정당이 극단적 정파적 대결을 지양하고 정책경쟁을 도모하는 방식으로 변화해야 한다. 이러한 상호 밀접한 관련을 가질 수밖에 없는 민주주의 심화과제를 염두에 두고 다음 장에서는 국회의 입법 및 정책기능 강화라는 주제하에 심화의 과제를 논의해 보고자 한다.

제 7 장

국회의 입법 및 정책기능 강화

　제13대 국회 이후로 국회는 수차례에 걸쳐서 입법과정의 책임성과 대표성을 강화하는 방향으로 제도개혁을 단행하였다. 국회의장의 정파적인 국회운영이 문제가 되자, 국회의장 당선과 함께 당적 이탈을 하도록 의무화하였고, 소위 법안의 '날치기 처리'가 의장석이 아닌 의원석이나 심지어 기자석에서 발생하자 의장석에서 표결 결과를 선포해야만 효력을 갖도록 국회법을 개정하였다. 그럼에도 불구하고 국회 입법교착이나 의사파행은 전혀 나아지지 않고 오히려 심각해지고 있다. 이는 현재 한국의 정치과정에서 파생되는 문제는 단순히 제도개혁으로 해결될 수 있는 성격이 아님을 보여주는 것이다.

　국회 입법과정에서 노정된 문제점들은 대부분 제도나 절차의 미비함에서 기인한다기보다는 원내정당 간 불신과 대립적인 정치문화와 같은 행태적인 측면에서 파생된 측면이 강하다. 따라서 국회가 대의민주주의를 구현하는 장으로서 기능하도록 하기 위한 방안 모색도 제도개혁보다는 국회의원들의 절차적 규범의 준수, 원내정당간 신뢰의 정치문화 구축과 방향에 초점이 맞추어져야 할 것이다. 이런 바탕 위에서 국회가 입법 및 정책감독기능을 강화하기 위한 방안을 모색하여야 한다. 여기에서는 민주적이고 효율적인 의사운영원칙의 확립, 행정부 견제 및 감독활동의 강화, 국회의 재정통제권 강화를 통해서 국회의 기능강화를 꾀하고자 한다.

I. 민주적이고 효율적인 의사운영 및 입법절차의 확립

1. 원내갈등 해결을 위한 정당간 합의와 신뢰 구축

'주기적이고 민주적인 선거를 통한 정권교체'가 대통령과 국회의원을 선출하는 유일한 게임규칙으로 자리 잡았지만, 국회에서는 아직도 다수당과 소수당이 합의하고 지키는 유일의 게임규칙이 제도화되어 있지 못하다. '소수의견의 존중과 다수의 지배'라는 공식적 절차가 국회의원의 실제 행위규범으로 기능하고 있지 못하고 있는 것이다. 다수당은 다수제를, 소수당은 협의제를 강조하고, 다음 선거에서 다수당이 소수당으로 바뀌면 이전의 주장을 뒤엎고 다시 소수의 권리를 주장한다.

국회운영의 원칙으로서 협의제와 다수제 간의 긴장을 어떻게 해소할 것인가의 문제와 관련하여, 미국 하원의 경우처럼 다수당이 책임지고 의회를 운영하고 다음 선거에서 심판을 받도록 하는 다수제적 방식으로 가야 한다는 주장이 제기된 바 있다(조정관 2009; 김민전 2005). 그러나 민주화 이후로 총선결과 제1당이 과반의석을 차지하지 못하는 경우도 빈번하게 발생했고, 협의제적 의사운영의 원리가 뿌리내린 현 시점에서 다수제적 운영원리로 돌아가기란 현실적으로 어려울 것이다. 무엇보다도 국회의원들이 국회운영의 원칙으로서 협의제를 선호한다는 점을 감안하면(손병권 · 가상준 2008) 국회가 다수제적 국회운영 원리를 전적으로 채택하는 것은 불가능해 보인다.

결국 입법경쟁을 지배하는 규칙은 현재도 제도화되어 있는 '소수의견의 존중과 최종적 의사결정방식으로서의 다수결주의'일 수밖에 없다. 제18대 국회에서 파국적인 입법교착을 겪으면서 여야 정당들은 이와 같은 운영원리가 작동하도록 하기 위한 다양한 방안을 내놓았다. 그중 상당 부분은 소수당의 입법참여 권한을 강화하고, 다수당의 횡포를 제한하는 방안을 제도화하는 것들이었다. 예를 들면 합법적 입법지연 수단으로서 필리버스터의 인정과 법안조정절차의 도입, 쟁점법안의 경우 단순다수의 찬성이 아니라 초다수(super-majority)의 찬성을 필요요건으로 하는 등의 방안이 대표적이다.

이런 방안들은 근본적으로 현재의 '협의제적 의사운영'이라는 기본 틀 내에서 소수의 참여를 보다 적극적으로 보장하고 강화하는 것을 목적으로 한다. 그런데 현재의 의사파행이나 입법교착이 제도나 절차의 미비함 때문이라기보다는 원내정당, 특히 소수당이 현행 제도와 절차를 지키지 않기 때문이라는 점에서 제도적 개혁이 해답

이 되기는 어렵다. 무엇보다도 필요한 것은 국회의원들이 입법활동의 수행에 있어서 공식적 의사절차를 행위규범으로 준수하고, 이와 관련하여 정당 간의 신뢰를 구축하는 것이 필요하다.

2. 국회 주도의 입법의제 설정과 국회의장 위상의 재정립

국회가 대통령의 정치의제를 처리할 때마다 여야 정당 간 정치투쟁으로 입법교착에 빠지고, 대선이 가까워지면 국회를 중심으로 하는 정치과정 자체가 마비되는 '대통령화된 정치과정'의 가장 큰 문제점은 결국 국회의 입법활동이 부실화되어서 국회를 기능부전에 빠뜨린다는 것이다.[49] 특히 단점정부의 상황에서 대통령의 정책어젠다가 입법교착상태에 빠졌을 때, 국회의장이 야당의 강렬한 반대를 무력화시키고 입법에 성공시키기 위해서 국회의장의 직권상정 권한이 활용된 경우가 많았다.

그동안 국회 입법과정에서 국회의장의 직권상정 권한이 입법교착을 타개하고 쟁점법안의 입법성공에서 중요한 역할을 한 것이 사실이다. 그러나 직권상정으로 처리된 대부분의 법안은 단점정부의 상황에서 대통령의 정책어젠다를 신속하게 입법, 처리하기 위한 것이었다는 점을 고려하면, 현재의 국회의장직을 '중립적 회의주재자'로서 보기는 어렵다. 국회의장의 직권상정이라는 강력한 권한이 실제 입법과정에서 매우 당파적인 방식으로 운영되고 있는 현실은,

---

49) 이를 개선하기 위해서는 대통령과 국회관계, 대통령과 여야 정당 간의 관계에 대한 개혁을 필요로 하는데, 이와 관련된 개선방안은 앞 장에서 논의되었으므로 여기에서는 국회의장 위상의 재정립에 초점을 맞춰서 논의하기로 한다.

정치적으로 중립적인 회의주재자로서 국회의장의 위상과 혼란을 일으키고 있기 때문이다. 국회의장의 직권상정을 통한 법안처리를 막기 위해서 상임위원회 및 본회의에서 여야 정당간 물리적 충돌이 발생하고, 결국 직권상정에 따른 법안처리가 더 심각한 여야 간 파국적 대립을 낳았다는 점에서 과연 이 수단에 의존한 입법교착의 타개가 바람직한 것인가라는 의문을 제기한다.

'의장 선출직후 당적이탈 의무화'와 같은 규정은 국회의장이 국회운영에서 중립적 중재자로서 기능할 것을 요구한다. 다른 한편 국회의장은 직권상정권한이나 의사일정결정권 등 막강한 제도적 권한을 동시에 행사할 수 있음으로 인해서 다수당의 당파적인 지도자로서 기능할 수 있는 수단을 갖고 있다. 따라서 제도적 권한의 측면에서 볼 때 국회운영과 관련된 국회의장의 역할모델은 갈등적인 측면이 존재한다고 할 수 있다. 이와 관련해서 국회의장이 적극적인 원내갈등 조정자로서 역할을 하기 위해서는 현재와 같은 중립적 사회자로서가 아니라 입법부의 수장으로서 강력한 리더십을 강화할 필요가 있다는 주장이 제기되었다(정진민 2008; 이현우 2002). 원내정당 간 협의가 여의치 않을 경우 국회의장이 적극적으로 권한을 활용해야 한다는 것이다. 그런데 이것은 협의제적 의사운영의 원리와 충돌할 수 있다. 국회의장의 강력한 리더십은 다수제적 국회운영의 원리와 더 친화적인 것으로 보이기 때문이다.

18대 국회에서 국회 폭력사태를 야기하는 제도적 원인 중 하나로 국회의장 직권상정제도가 주목받으면서, 이를 폐지하거나 직권상정 요건을 강화하기 위한 국회법 개정안이 다수 제출되었다.[50] 결국

---

50) 제18대 국회의 전·후임 국회의장들은 직권상정제도에 대한 상반된 입장을 표명한 바 있다. 전반기 의장이었던 김형오 의장은 직권상정제도를 "국회의장에게 원

제18대 국회 마지막 본회의에서 국회의장의 직권상정 요건을 천재지변의 경우나 국가비상사태의 경우로 강화하는 국회법 개정안이 본회의를 통과하였다. 이에 따라 제19대 국회부터는 여야가 대립하는 쟁점법안을 직권상정으로 처리하기는 사실상 불가능해졌다.

비록 국회대표권을 갖고 있다고는 하지만 국회의장 1인이 상임위원회의 심사권을 무력화시키고, 법안을 신속하게 처리할 수 있는 권한을 행사하는 것은 입법의 대표성이나 민주성을 훼손할 수 있다는 점에서, 의장의 직권상정 요건을 강화한 것은 매우 바람직한 방향으로의 개혁이라고 할 수 있다.

3. 상임위원회와 의원의 입법자율성 제고

상임위원회 중심주의 입법과정을 채택하고 있는 의회의 경우 법안의 운명은 상임위원회 법안심사과정에서 결정되는 것이 일반적이며, 쟁점법안의 경우에도 예외가 없다. 그런데 국회의 경우 쟁점법안의 운명은 소관 상임위원회가 아니라 '원내 교섭단체 대표간 협의'라는 정당지도부 간의 협의를 통해서 결정된다. 이때 정당지도부의 입장이 각 정당의 의원총회 등을 통해서 상향식으로 결정된 것이 아닐 경우가 다반사이다. 따라서 정당지도부 간 협의를 통해서 쟁점법안의 운명을 결정하는 것은 민주성과 대표성에서 결함이 있는 의사절차라고 할 수 있다.

내갈등의 책임을 떠넘기는 3류적 제도로 하루빨리 폐지해야 한다"고 주장하였다. 반면 후반기 의장인 박희태 의장은 "직권상정은 국회 의사처리 과정에 보장된 합법적 마지막 수단으로, 나쁘다고만 할 수 없다"고 평가하였다.

쟁점법안 처리를 둘러싼 정당지도부 간 협상이 실패로 돌아가면 모든 상임위원회의 법안심사가 전면적으로 중지되는데, 이는 상임위원회가 입법과정에서 사실상 정당정치로부터 자율성을 갖고 있지 못함을 의미하는 것이다. 국회가 효율적이고 생산적인 입법활동을 하기 위해서는 입법권력을 상임위원회로 분권화하고 상임위원회의 입법자율성을 강화하는 것이 필수적이다. 미국 의회의 경우에서 보듯이 위원회제도가 잘 발달되면 의원이 소속정당으로부터 받는 압력이 부분적으로 상쇄되는 효과도 있기 때문이다(박찬욱 1992, 86).

상임위원회의 입법자율성을 강화하기 위해서는 소위원회 제도를 활성화하여 상임위원회의 입법권력을 한 단위 아래로 분권화하면서 동시에 전문적인 법안심사를 꾀할 수 있을 것이다. 그 외에도 법제사법위원회의 체계자구 심사권한이나 국회의장의 직권상정권한과 같이 상임위원회의 법안심사권을 침해하는 현행 제도의 폐지에 관한 검토도 필요해 보인다.

상임위원회의 입법자율성이 강화되면 소속 위원이 정당으로부터 받는 당론의 압력에 대한 내성 역시 강해져서 정당 중심 국회운영의 문제점을 해소하는 데 도움이 될 것으로 보인다. 물론 국회의원이 지나치게 당론에 종속되지 않고 자신의 입법소신을 지키도록 하기 위한 근본적인 방안은 국회의원 후보자 공천제도의 개혁이다. 정당지도부에 의한 하향식 공천제도가 개혁되지 않는 한 국회의원이 당론으로부터 자유로울 수 있다는 것은 사실상 불가능하기 때문이다.[51]

---

51) 국회의원 공천제도 개혁과 관련해서는 제6장의 "Ⅲ. 정치과정의 탈대통령화 추구"를 참조한다.

II. 행정부 견제 및 감독활동의 강화

1. 상시 국정감사제도의 도입

현대사회에서 행정국가화가 심화되고 관료제가 비대해지면서 의회가 행정부를 감독하고 견제해야 할 필요성은 더욱 커지고 있다. 견제와 균형을 정치권력의 원칙으로 하는 대통령제 국가의 경우 권력융합을 특징으로 하는 의회제 국가보다 의회의 행정부 감독활동은 더욱 중요하다. 특히 '대통령 중심제적 대통령제' 현상이 나타나고 있는 한국의 정치현실에서 국회가 행정부를 적절히 견제하고 감독하는 것은 민주주의의 심화를 위한 전제조건이라고 할 수 있다.

국회 국정감사의 목적은 행정부가 이미 집행한 정책활동의 문제점을 사후적으로 비판하는 것에만 있는 것이 아니다. 국정감사를 통해서 정책집행 과정에서 행정부의 불법적인 활동을 감시하고 권력남용을 방지하는 예방적인 효과를 거둘 수 있고, 행정부가 공공이익 실현에 부합되는 방식으로 정책집행을 하고 있는지를 국민들에게 알리는 기능도 한다. 이와 같은 업무를 현재처럼 '정기국회 개원 후 20일'만에 완료한다는 것은 현실적으로 한계를 갖는다. 이런 측면에서 국정감사 상시화의 필요성이 꾸준히 제기되어 왔다.

국정감사의 상시화를 위해서는 감사기간의 제한 없이 필요할 경우 각 상임위원회별로 소관업무에 대해서 감사 및 조사업무를 수행하도록 하는 것이 원칙적으로 바람직하다. 그러나 감사기간을 제한하지 않을 경우 국회의 자료제출 요구 등으로 인해 행정부처의 업무부담이 급증할 수 있다는 우려도 제기되고 있다. 따라서 우선적으로는 연간 20일 또는 30일 등으로 감사일수를 정하되 횟수에는 제한을 두지 않고 위원회별로 자율적으로 감사를 실시하도록 하는 방안이 있다. 이 경우 굳이 국정감사를 정기회 기간에 실시하지 않아도 되기 때문에 정기회에 집중되어 있는 법안심사나 예산안 심사로 인한 국회의 업무과중 문제도 해소할 수 있다.

다른 한편으로 굳이 국정감사제도와 국정조사제도를 구분하여 운영할 필요가 있을까라는 문제가 제기되기도 하였다. 실제로 국정감사제도와 국정조사제도는 그 기능과 영역이 중첩된다고 할 수 있다. 주요국 의회의 경우에도 권력구조에 따라서 정도의 차이는 있지만 행정부 감독활동은 의회의 상시적인 기능으로 운영되고 있고, 국정조사활동은 조사위원회 구성에 관한 규정을 통해서 이루어지고 있다. 우리나라의 경우에도 국정감사제도를 폐지하고 국정조사제도로 일원화할 필요가 있다는 주장이 제기된 바 있지만, 앞서 살펴보았듯이 현재의 국정조사제도가 실효성 있게 운영되지 못했다는 점에서 설득력이 떨어진다. 제도의 경로의존성을 감안할 때 국정감사제도를 폐지하는 것은 쉽지 않아 보이지만, 국정조사제도와 함께 검토하여 개혁해야 할 필요성은 분명히 존재한다.

한편 국회의 대 행정부 감독활동과 관련해서 짚고 넘어가야 할 측면은 감사원의 국회이관 문제이다. 행정부 감독활동은 행정부에 대한 재정통제 활동과 동떨어져 논의되기 어렵다는 점에서 근본적으로 회계검사권 도입을 필요로 한다. 현재처럼 회계검사 기능을 담당하고 있는 감사원이 대통령 직속기관으로 되어 있다는 것은, 감사의 주체가 되는 기관이 피감기관장의 지휘하에 있다는 점에서 직무수행의 독립성이 문제가 될 수 있다. 주요국의 사례를 살펴보면 미국이나 영국의 경우에는 감사원이 의회에 소속되어서 입법부의 재정통제 활동을 지원하는 역할을 하고 있고, 프랑스·독일·일본은 감사원이 독립적 헌법기구로 규정되어 있다. 우리나라의 경우처럼 행정부에 소속된 사례는 찾기 어렵다는 점이 감사원 국회이관의 논리로 제시되곤 하였다. 그러나 감사원을 국회로 이관할 경우 정쟁에 휘말려서 정치적 중립성을 유지하기가 더욱 어렵다는 반론도 제기된다는 점에서 신중히 검토할 필요성이 존재한다.

또한 감사원을 국회로 이관하는 문제는 개헌을 필요로 한다는 점에서 쉽지 않을 것으로 보인다. 그러나 현재 국회가 행정부 감독기능에서 취약성을 보인다는 평가가 감사원의 국회이관이 불가능하다고 주장하는 논리적 근거로 제시되어서는 안 될 것이다. 국회가 제대로 작동하기 위해서 필요한 환경을 재구성하는 노력은 꾸준히 계속되어야 할 것이기 때문이다.

2. 국회 인사청문제도의 실효성 확보

국회 인사청문제도는 대통령의 인사권을 국회가 견제함으로써 의회와 행정부 간의 정치권력의 균형을 이루어내기 위한 제도이다. 이 같은 인사청문제도의 본질적인 목적을 달성하는 것은 인사청문제도 자체의 개선뿐만 아니라, 국회에서 인사청문회가 실시되는 정치적 환경에 대한 개선 역시 필요로 한다고 할 수 있다. 우선 인사청문회 자체의 개선방안을 검토해 보기로 하자.

현행 규정에 따르면 공직후보자에 대한 임명동의안이 국회에 제출되면 20일 이내에 국회 인사청문절차가 끝내도록 되어 있다. 이 20일에는 후보자에 대한 자료제출요구에서부터 인사청문회의 실시, 그리고 인사청문 경과보고서의 채택(헌법에 따른 인사청문 대상자의 경우 본회의 표결) 등의 과정에 모두 포함되어 있기 때문에, 20일만에 국회가 내실있는 후보자 검증을 마치기란 사실상 무리일 수밖에 없다. 그런데 여야 간 정파적 대립을 특징으로 하는 국회의 정치환경을 고려하면 인사청문 기간을 법으로 규정하지 않을 경우 중요한 공직에서 국정공백이 장기화될 수 있다는 우려를 피할 수 없다. 따라서 인사청문 기간을 법으로 정하되, 기간을 30일 정도로 확대하는 것을 고려해 볼 수 있다.

후보자에 대한 인사검증이 공직자로서의 정책수행능력보다는 병역이나 탈세 등 도덕성 검증에 집중되고 있는 측면을 개선하기 위해서 공개적인 인사청문회를 실시하기 이전에 위원회 차원에서 서류심사 위주의 도덕성 검증을 할 필요가 있다. 특히 후보자의 불성실한 자료제출과 관련된 문제가 항상 제기되고 있다는 점을 감안하여, 대통령이 임명동의안을 국회에 제출할 때, 청와대의 공직후보자 검증자료를 함께 제출할 수 있도록 한다면 인사청문에 소요되는 시간을 절약할 수 있을 것이다.

국회의원의 후보자 검증태도가 여당의원은 옹호, 야당의원은 비판에 치중되어서 항상 정파적인 대립으로 귀결되는 문제를 개선하기 위해서 여야 의원들이 합의하는 후보자 검증지표를 개발할 필요성이 있다. 여기에는 국회 인사청문회에서 후보자를 평가할 기준과 구체적인 세부지표 등을 설정함으로써 후보자 평가를 위한 보편적인 객관적인 기준을 마련하는 것이다. 그 외에도 구체적인 절차와 관련해서 사생활보호 등을 이유로 자료제출요구를 거부하는 것을 막기 위해서 후보자 관련 자료에 대한 비공개열람제도를 신설하고, 공직후보자의 허위진술에 대한 처벌규정을 신설하는 등과 관련된 방안을 고려할 수 있을 것이다(전진영 외 2009).

국회 인사청문회의 실효성을 확보하기 위해서 무엇보다도 중요한 것은 국회의원들이 국회 인사청문제도의 취지에 대한 명확한 인식을 갖고 인사청문회에 임하는 것이다. 즉 국회가 인사청문회를 통해서 대통령의 인사권과 사법부 구성을 견제하고 있으며, 이는 대통령제 국가에서 정치권력의 수평적 견제를 위해서 아주 중요한 절차라는 인식을 확고하게 할 필요가 있다. 국회 인사청문제도의 실효성을 원천적으로 확보하는 방안으로 국회의 인사청문 대상이 되는 모든 공직에 대해서 국회의 동의 없이는 대통령이 공직 후보자를 임명하지 못 하도록 하는 것이다. 그러나 이는 대통령의 인사권에 대한 지나친 침해이며, 정부여당 대 야당의 정쟁구도 속에서 장기간의 국정공백을 초래할 위험이 있다는 비판의 여지가 있어 이에 대한 별도의 논의가 필요할 것으로 보인다.

III. 국회의 재정통제권 강화

국회의 예산심사가 실제로 '국민의 대표기관에 의한 국가 재정통제'라는 민주주의의 이상을 실현하기 위해서는 현재의 국회 예산심사제도의 개혁을 필요로 하며, 이는 단순히 법 개정 차원이 아닌 개헌을 필요로 하는 사안인 경우도 있다. 우선적으로 행정부의 예산편성 과정에 국회가 완전히 배제되어 있는 현행 절차를 개선하여, 국회의 예산편성 참여방안을 모색하는 것이다. 국가재정 운용계획 및 예산안 편성지침 등 국가재정 전반을 결정짓는 거시적인 틀과 관련해서 국회의 의견을 사전에 반영할 수 있는 제도적인 장치를 마련하기 위해서 국가재정운영계획을 국회에 제출하도록 하고, 총지출규모와 부처별 지출한도를 포함하는 예산안 편성지침을 국회에 의무적으로 보고하도록 할 필요가 있다.

이와 더불어 현재 60일에 불과한 국회의 예산안 심의기간을 확대할 필요가 있다. 50여 개가 넘는 예산안 심의대상 기관과 별도로 기금 심의기관까지 포함하면 총 110개가 넘는 기관과 기금에 대한 심사를 60일 만에 한다는 것은 예산안 졸속심의를 낳는 원인 중 하나이다. 현재 회계연도 개시 90일 전까지로 되어 있는 예산안의 국회 제출을 회계연도 개시 120일 전까지로 개정한다면 국회가 확보할 수 있는 예산안 심의기간을 60일에서 90일로 확대할 수 있다.

또한 예산결산특별위원회를 상임위원회로 전환하고, 위원의 겸임을 금지하며, 임기를 다른 상임위원회와 같은 2년으로 연장하는 방안도 검토해 볼 필요가 있다. 예결특위 위원임기를 1년으로 정하게 된 배경에는 국회의원들이 선호하는 위원회이기 때문에 보다 많은 의원들에게 위원선임의 혜택이 돌아가도록 하고자 한 측면이 있었다. 위원임기를 2년으로 연장하면 예산심의에 요구되는 연속성과 전문성을 확보하기가 유리해질 것이다. 또한 현재처럼 예결특위가 '겸직위원'으로 구성될 경우, 상임위 활동으로 인해 예결특위 업무에 전념하기 어렵고, 예산안 심사과정에서 의원이 소속된 상임위원회의 압력이나 소관부처를 의식하지 않을 수 없게 된다. 이는 예결특위가 국가재정 전반에 대한 이해에 입각해서 세입과 세출을 조정하고 예산분배를 결정하기보다는 각 상임위원회 간의 이해에 기반한 계수조정의 역할에서 벗어나지 못한 원인이 되었다.

현재 정기회 기간과 겹치는 예산안 심의기간을 조정하는 방안도 검토해 볼 수 있다. 정기회 기간은 예산안 심사 외에도 대정부질문·국정감사·법안처리 등이 집중되어 국회 업무부담이 가중되는 시기이다. 정기회 기간의 예산심의는 업무량의 과부하로 예산안이 졸속심사될 수 있다는 문제도 있지만, 그보다 더 심각한 것은 예산안 심사가 원내정당 간 쟁점법안의 처리와 연계되어서 정파적 갈등의 희생양이 된다는 점이다. 그런데 정부의 예산안 제출과 회계연도의 개시 등을 고려하면 예산안 심사시기를 변경하는 것은 쉽지 않다. 따라서 정기회 기간에 실시하는 다른 업무, 즉 국정감사나 법안심사를 분산하는 방안을 고려해 볼 수 있다. 즉 국정감사를 정기회 기간이 아닌 임시회 기간에 실시한다거나, 상시적으로 법안심사를 할 수 있도록 상시회기 제도를 도입하는 방안 등이 제안된 바있다.

위에서 검토한 일련의 방안들은 대부분 제도적인 개선에 초점이 맞추어져 있다. 국회가 재정통제권을 강화하기 위해서는 근본적으로 예산안 편성권한을 확보하는 것이 필요하겠지만, 그와 같은 큰 틀에서의 개혁을 모색하기에 앞서서 현재의 제도적 틀 내에서 국회가 예산심의권한을 제대로 행사하였는지에 대한 반성이 필요하다 하겠다. 국회가 매번 예산안 심사기한을 지키지 못하는 이유가 예산안 심의기간이 짧아서가 아니라, 쟁점법안을 둘러싼 입법교착 상황으로 인해 예산안심사가 아예 이루어지지 못하기 때문이라는 점에서 더욱 그렇다.

제 8 장

정당민주주의의 제고

실질적 정당경쟁이 어느 정도 이루어지고 있음에도 불구하고 정당정치는 국민으로부터 신뢰받지 못하고 있다. 정책경쟁의 취약성과 강한 정당기율의 작용이라는 문제는 정당이 활동하는 주요한 정치적 공간인 국회 파행의 원인으로 작용하고 있다. 이러한 가운데 반복적으로 추진되는 정당 이합집산은 정당에 대한 불신을 강화시키면서 정당의 주축이 되어야 할 당원제를 안정적으로 발전시키지 못하는 원인이 되고 있다. 이와 같은 낮은 수준의 정당 제도화 문제를 원내정당화를 통해 해결하고자 하는 노력도 시도되었지만 그 결과는 정당조직의 불균형적 발전에 머무는 것이었다. 이러한 정당의 문제는 민주주의 심화를 위한 정당민주주의 제고를 위한 구체적인 대안을 통해서 개선할 필요가 있다.

정당민주주의 제고를 위한 대안은 정당의 정책경쟁 강화를 위한 정책연구소의 활성화, 당원에 대한 책임성·반응성·대표성을 갖는 정당으로 발전하기 위한 당원제의 발전, 정당조직의 발전을 위한 방안 등을 중심으로 모색될 수 있다. 우선, 정책경쟁을 강화하기 위해서는 정책연구소의 기능과 역할과의 연계를 통해 정책 형성을 도모하도록 하고, 둘째, 당원제의 안정적 발전을 위해 당원에게 차별적 권한을 부여함으로써 선택적 인센티브를 제공하여야 한다고 본다. 마지막으로 정당의 균형적 발전을 위해 중앙당을 중심으로 한 원내정당과 기초조직 간의 의사소통 채널을 제도화하여 정당민주주의를 제고하여야 할 것으로 보인다.

I. 정당의 정책 형성과 정책연구소의 유기적 연계

'3김정치'로 대변되는 카리스마적 인물의 정당 지배가 약화된 이후, 정당민주주의 제고를 위한 각종 개혁에도 불구하고 정당 운영의 권위주의적 잔재가 완전히 해소되지 않았다. 카리스마적 인물들이 향유하였던 정당대표로서의 권한은 정당대표와 원내대표에게 분산되었지만, 정당정치의 패턴은 여전히 권위주의 시기 정당정치의 문제로부터 크게 벗어나지 못하고 있다. 정당의 선거전략은 여전히 지역주의적 호소에 머물러 있으며 선거결과에서도 지역주의 선거의 패턴이 지속되고 있다. 정당별 정책적 차이는 특정 영역에서만 제한적으로 나타날 뿐 고유한 정책영역을 갖는 정당은 찾기 힘들다. 그럼에도 불구하고 당론은 소속의원들의 단합을 강제하여 본회의 표결에서 정당별 입장의 차이를 극명하게 보여주면서 의원 자율성을 침해하고 있다. 이러한 문제를 해소하기 위해서 정책경쟁의 강화를 위한 제도적 장치로 정책연구소의 발전방안을 모색해야 할 것이다.

각 정당의 정책연구소를 실질적인 싱크탱크(think tank)로서의 기능과 역할을 정당운영에 연계시키는 것을 고려할 필요가 있다. 정책연구소 설립과 국고보조금 지원의 취지는 사실 정당의 정책 개발 및 연구 활동 촉진을 통한 '정책정당화'를 목표로 하는 것으로, 이를 통해 정책형성의 효율성을 기하였다. 각 정당의 정책연구소는 정당이 정책형성의 전문적 기능을 갖는 기구를 제도화함으로써 정당의 정책경쟁 강화를 목적으로 한 제도적 장치로 고안된 것이었다. 특히, 전문성 강화를 위해 정당조직에서 독립된 별도의 법인 형태로 정책연구소를 설립하여 정당과 특수한 관계를 갖는 조직으로 구성하도록 제도화되었다. 그동안 각 정당의 정책연구소는 국회 상임위원회의 구분에 준하여 정책영역을 나누어 연구·정책개발과 토론회 등을 중심으로 정책기능을 수행하여 왔다. 이러한 제도적 설정은 주로 당원·원외정당·원내정당의 정책적 요구를 수용하는 정당의 반응성 기능과 관련이 있는 것이었지만, 그 실효성에 대해서는 의문의 여지가 있다.

정책연구소가 정책적 요구에 반응하는 정책정당으로의 발전에 기여하기 위해서는 정당 안팎의 요구와 비판의 목소리에 귀 기울일 수 있는 '의사소통 채널의 제도화'를 강화하여야 한다. 현재로서는 국회 상임위원회에 대한 정책적 지원의 기능이 주요한 업무로 되어 있기 때문에, 그러한 업무가 정당이 추구하는 정책적 비전과 목표 설정과 직접적으로 관련이 있다고 보기 어렵다. 사실 정당의 정책형성은 정당 내부의 전략과 방향에 대한 정확한 판단과 연구를 통해서 이루어져야 하지만, 현재의 구조는 정책연구소의 역할이 국회의 정책적 지원에 집중되어 있다. 따라서 현재 '정책연구소·당원·중앙당·원내정당' 간의 의사소통 채널이 제도화되었다고 판단하기 어려우며, 정책연구소의 운영과 구조가 정책적 요구에 반응하고 있다고 평가할 수 없다.

정책적 요구에 반응하는 조직으로 정책연구소가 발전되기 위해서는 소속정당을 비롯한 전반적인 여론과의 유기적 관계 속에서 운영되어야 하며, 특히, 정당의 정책형성과 정책연구소의 관계를 강화하여야 한다. 정당 안팎에서 제기되는 정책적 요구를 수용하고 이에 부합하는 정책적 산물을 제시하는 반응성을 제고하고, 그것이 정당의 정책으로 구체화되는 성과를 거두는 것을 정책연구소의 실질적인 역할로 설정하여야 한다는 것이다. 이를 위해서는 정책연구소와 당원, 원외정당, 원내정당과의 긴밀한 연계를 바탕으로 정책을 창출하는 싱크탱크로 발전시켜 거시적이고 장기적인 비전 아래 일관된 방향을 갖는 정책을 형성하도록 할 필요가 있다.

싱크탱크로서 정책연구소의 발전방향 재정립과 관련하여서는 선진민주주의 국가의 정책연구소를 모델로 고려해 볼 수 있다. 예를 들면, 정당과 정책연구소의 관계를 중심으로 하여 정당과 직접적·간접적 관계를 갖는 영국과 미국, 두 유형으로 구분할 수 있다. 우선, 정당과 직접적 관계를 갖는 유형으로는 영국을 들 수 있는데, 이들은 전문성을 기반으로 정당의 정책형성에 상당한 영향력을 미친다. 영국 보수당의 정책연구소(Conservative Research Department)는 실업보험 정책의 구체적 대안을 제시하여 보수당 정책의 기틀을 형성하는 역할을 하였다(홍석민 2003). 이에 반해 미국 정당은 정당과 간접적 관계를 갖는 정책연구소의 정책적 지원을 받는다. 1900년대 초반부터 시작하여 민간부문에서부터 발전한 미국의 싱크탱크는 정책 연구기관, 정부 용역기관, 후보자 지원기구의 단계를 거쳐 발전하였다(Abelson and Carberry 1998, 531-540). 특히 후보자 지원기구로서 정책연구소의 기능적 전환은 정당 후보의 선거전략 지원에서 그치지 않고, 1980년대 이후 싱크탱크의 정치적 영향력과 기능이 정당의 정책형성에 중요한 영향을 미쳤다.

한국 정당의 정책연구소는 정당과는 별도의 독립적 법인으로 구성된다는 측면에서 미국과 유사한 유형이지만, 민간부문이 아니라 국고보조금을 토대로 정당이 주체가 되어 창출한 기구라는 측면에서 영국과 같이 직접적 관계를 갖는 유형이기도 하다. 두 국가와 같이 정당의 정책 창출이라는 영향력을 갖기 위해서는 정책연구소가 현안과 유권자 선호에 대한 지속적 관심을 정책으로 전환시키는 정책형성의 중심이 되도록 당원, 원외정당, 원내정당의 요구와 비판을 토대로 정책방향을 바로잡는 반응성을 갖는 방향으로 강화되어야 한다. 이를 위해서 정책연구소에 대한 국고지원금 지원의 조건을 상세하게 규정할 필요가 있다. 예를 들어, 정책적 요구와 이에 대한 정책연구소의 성과가 일치하는지의 여부를 평가하도록 하는 규정을 부가하는 것도 하나의 방안으로 고려할 수 있다. 이와 더불어 정책연구소의 구성에 당원 중심의 정당 기초조직과의 연계조직으로서 원외정당과 의사소통 채널로서 '원외정당-정책연구소 연석회의'의 상설화를 정책연구소에 제안하는 것도 필요하다. 이와 같이 정당 안팎과 정책연구소의 의사소통 채널의 제도화는 정당을 새로운 정책이슈 창출과 제기에 주력하는 유의미한 정치조직으로 도약시켜 정책경쟁의 취약성 문제를 어느 정도 해소할 것으로 기대된다.

II. '중앙당-원내정당'과 '중앙당-기초조직' 간
의사소통 채널의 제도화

그동안 정당조직의 개혁을 위해서 낮은 수준의 정당 제도화 문제를 해결하는 것에 초점을 맞추는 것이 과연 적절한 것이었는지 회의적이었다. 각 정당의 원내정당화 추진의 성과는 원내정당과 원외정당의 기능 분화와 각각 원활한 작동을 이루었다는 측면에서 긍정적으로 평가할 수 있다. 의원총회의 정상화와 의원 자율성의 제고는 원내정당화의 주요한 성과 중 하나라 간주될 수 있다. 그러나 여전히 해소되지 않은 문제는 원내정당화가 지구당 폐지와 낮은 수준의 당원제라는 조건에서 진행되었다는 사실이다. 원외정당의 조직적 약화는 원내정당의 강화와 맞물려 균형적 정당조직의 발전을 저해하고 있는 것이다.

현재 정당조직은 '원내정당 강화·중앙당 약화' 방향으로 발전한 두 조직 사이의 불균형적 발전의 문제를 해결하기 위해서는 정당조직 사이의 원활한 의사소통 채널을 형성하고 제도화하는 것을 필요로 하고 있다. 현재로서는 기존의 조직적 구조 속에서 원내정당과 중앙당 사이에 의사소통의 제도적 공간, 즉 당내 논의기구는 통합적으로 구성되어 있지 않다. 의사결정의 최종단위인 전당대회는 정당대표를 중심으로 한 소수의 의사결정을 당원이 사후에 추인·인준하는 형태로 운영되는 경향이 있으며, 또한 원내정당은 독자적인 의사결정을 갖는 독립적 조직으로 부상하였다. 이러한 현상은 원내정당화에 따라서 의원총회가 중앙당으로부터의 자율성을 확보하는 성과를 거두었다는 측면에서 긍정적으로 평가할 수 있지만, 의원들

에게 당론을 강제하는 기제로 작용하는 역설적 결과 또한 초래하기
에 이르렀다.

중앙당과 기초조직의 약화라는 중첩적 문제를 안고 있는 구조적
조건 속에서, 원내정당화는 의원들에게 자율성을 부여한 동시에 이
들의 의정활동에 대해서 일치된 방향과 성격을 강요하는 모순적 역
할을 수행하여 국회 내에서 정당간 갈등과 이에 따른 의사진행 파
행의 원인으로 작용할 가능성이 높다.

의원의 의정활동이 정당과 당원의 의사 모두를 동시에 고려하는
것이어야 한다는 전제가 성립한다면, 균형적 정당조직의 발전은 정
당의 발전을 위해서 간과할 수 없는 문제이며, 따라서 이들 사이의
원활한 의사소통 구조의 창출은 정당의 주요한 과제이다. 복잡한
정당정치의 동학을 고려하여 조직 간 원활한 의사소통 구조의 창출
과 제도화는 명확하고 구체적인 조직적 설계에서 출발하여야 한다.
이를 위해서는 '중앙당–원내정당'과 '중앙당–기초조직'을 체계적
으로 연계시키는 방안을 우선적으로 고려할 수 있다.

우선 중앙당을 주축으로 하는 의사소통 구조의 발전은 지역구를
중심으로 한 의원들의 직접적인 의사소통과는 다른 정치적 의미를
갖는다는 사실에 주목하여야 한다. 의원들의 지역구 활동은 의원들
이 지역적 대표성을 확보하는 과정이며, 여기에서의 의사소통은 지
역적 이해관계를 대변하는 의원들 개인의 몫이다. 반면 중앙당을
매개로 한 의사소통 구조의 체계화는 지역의 문제와 입장을 대변
하는 것을 넘어서서 나라 전체의 차원에서 이익의 집약과 표출이라
는 정당 본연의 기능을 수행하는 것이다. 중앙당의 이익집약은 정
당 지도부, 의원, 당원들에 이르기까지 다양한 입장을 수렴하고 그
차이를 조정해야 하는 어려운 과제이지만, 이는 정당이 해결하여야

할 정당 고유의 기능이다.

정당이 이러한 기능을 원활히 수행할 수 있을 때 비로소 정당은 사회갈등의 분출을 정당 내로 흡수함으로써 사회갈등의 복합적인 표출양상을 해소할 수 있도록 '체제 내의 쟁점'으로 전환시킬 수 있을 것이다. 다시 말해, 의사소통 구조의 체계화를 통한 정당조직의 균형적 발전은 정당정치의 발전과 사회갈등의 해소에 모두 기여할 수 있다는 것이다.

이를 위한 구체적인 구상의 하나로 '기초조직의 허용'과 '중앙당의 강화'를 적극적으로 고려해 볼 필요가 있다. 지구당은 이미 당원협의회라는 명칭으로 운영되고 있지만, 16개 지역의 광역단위로 운영되는 현재의 기초조직은 당원을 중심으로 이익집약의 기능을 수행하기에는 지나치게 광범위하고 포괄적이다. 기초조직을 통해서 다양한 의견수렴을 하기 위해서는 현재 정당법이 제한해 놓은 기초조직의 규정을 변경하거나 삭제할 필요가 있다. 지구당 폐지의 근거는 지구당 내부의 부정부패로 인한 정당민주주의를 저해한다는 사실이었지만, 정치관계법의 포괄적 규정들이 그러한 부정적 문제의 발생가능성을 감소시켰기 때문에 과거의 지구당 조항과 유사한 형태로 정당법을 개정하여도 무방할 것으로 보인다.

문제는 중앙당 강화가 개별 정당의 정치적 선택의 문제라는 점에서 그 대안을 구체화하기 어렵다는 데 있다. 정당의 가장 이상적인 모습이 당원을 중심으로 한 유권자와의 긴밀한 의사소통을 토대로 소속의원들이 국회에서 의정활동을 원활히 하는 것이라면, 중앙당 강화는 필수적이라는 사실을 고려하여 중앙당의 강화를 중요한 조직적 전략으로 고려할 필요가 있다.

원외정당인 중앙당은 당원의 의견수렴과 여론의 향방에 민감하게 반응하면서 그것을 원내정당에 집약, 전달하는 역할과 기능을 할 수 있으며, 이는 개별 의원들이 지역구를 통해서 확보하는 의견 수렴과 달리 훨씬 넓은 범주의 이해갈등을 수용, 조정할 수 있다는 장점이 있다. 원내정당이 강화된 현재의 정당정치 상황에서 중앙당의 강화를 통한 균형적인 정당조직의 발전은 정당의 정책경쟁 강화, '공론의 장'으로서 국회내 정당정치, 의원의 책임성 있는 의정활동에 기여할 것으로 기대한다.

이상의 세 가지 대안은 정당민주주의를 제고함으로써 정당의 기능과 역할의 정상화에 기여할 것으로 기대된다. 정책경쟁의 강화, 당원제의 발전과 균형적 정당조직의 발전은 정당의 정책경쟁을 강화하여, 한편으로는 유권자의 정당 불신을 해소하면서 다른 한편으로는 높은 수준의 정당 제도화를 이룰 수 있는 정당개혁의 방향이다. 특히, 한 정당을 구성하는 정당 지도부로부터 당원에 이르는 원활한 의사소통 구조의 형성은 정당이 정치적 쟁점에 대한 논쟁을 활성화하는 공론의 장으로서 기능하여 바람직한 정당정치와 의원의 자율적 의정활동, 더 나아가서는 생산성 있는 국회를 만들 것이라고 본다.

이러한 대안은 선거과정에 대한 현 시점의 문제에 대한 천착과 대안 모색이 토대로 이루어질 때 실현가능한 대안이 될 것이다. 정당이 정치영역에 참여하게 되는 현실적 계기로서 선거과정의 문제를 해소하는 것이 정당민주주의의 발전과 밀접한 관련이 있기 때문이다.

III. 당원 권한의 차별적 부여

그동안 카리스마적 인물로 인한 정당제도화의 지체 문제가 지적된 바 있는데(Panebianco 1988, 66-67), 한국 정당정치의 경우 이들의 퇴거 이후에도 빈번한 정당 이합집산 패턴은 반복되고 있으며 당원제의 발전과 이들에게 실질적으로 권한이 부여되는 정당민주주의는 제도화되고 있지 않다.

지구당의 폐지로 당원이 적극적으로 정당활동을 할 수 있는 제도적 공간이 위축되고 축소된 반면, 국민경선제의 보편화가 당원 가입의 긍정적 유인으로 작용하지도 않고 있다. 국민경선제 도입에 의한 당원들의 주변화라는 여건 속에서 실질적인 당원, 즉 진성당원의 증가를 기대할 수 있을지, 그리고 그것이 정당 제도화와 정당민주주의에 진전을 가져올지 의문이다. 또한 진성당원의 수가 늘어난다고 해서 높은 수준의 정당 제도화로 도약할 수 있을지도 미지수이다.

이에 대한 구체적인 대안으로 다음의 두 가지를 동시에 고려해 볼 필요가 있다. 하나는 포괄적인 권한을 갖는 당원제의 활성화이고, 다른 하나는 당원과 비당원 간에 차별적인 권한을 부여하는 것이다. 당원제의 활성화를 위해서는 단순히 당원 수의 확대만이 아니라 당원이 참여할 수 있는 기초조직을 강화하고 이를 중심으로 한 당원의 권한을 확대하는 방안을 고려할 필요가 있다. 왜냐하면 당원의 의사가 적절히 정당의 정책결정에 반영될 수 있는 통로가 없는 상태에서 당원 규모 자체의 증대가 정당 제도화와 정당민주주의의 발전을 위한 첩경인 것만은 아니기 때문이다. 강한 정당대표의 권한 독점과 더불어 지구당 폐지는 정당조직의 체계적 발전을 더욱 지체시키는 요인으로 작용하였고, 당원제의 활성화는 여전히 기대할 수 없을 뿐만 아니라 당원들의 의견이 정당의 정책결정에 전달, 수용되는 조직적 통로도 약화되었다.

이에 대한 대안으로서 당원의 의견을 수렴할 공론의 장 형성에 기여할 수 있는 정당의 기초조직 활성화를 들 수 있다. 기초조직의 체계적 정비는 한 지역의 여론 수렴과 시·도당 및 중앙당 대의원 대회에 참여하는 대의원의 선출, 각 정당기구의 선출직 공직자에 대한 평가 등의 기능을 수행할 수 있는 방향으로 이루어져야 한다(정진민 2005, 8-9). 이와 같은 기초조직의 활성화는 비판의 대상이었던 중앙당 중심의 후보 공천을 비롯한 권위주의적 정당조직의 문제를 해소할 수 있는 토대가 될 것이다.

이와 같은 기초조직 정비는 당원과 비당원에게 차별적으로 권한을 부여하는 제도적 장치 마련과 함께 병행해서 추진되어야 한다. 일반 유권자가 정당 가입을 선택하는 동기는 정당에 대한 지지의사를 포함하여 그 정당의 정치적 입장과 행동을 같이 하겠다는 암묵적인 동의에 있다. 일반 유권자로서 정당을 지지할 때와는 달리, 정당 가입은 유권자의 적극적이고 구체적인 정치적 동기를 지닐 경우에 촉발되는 것인데, 이들에 제한적인 권한 부여는 정당에 가입하려는 동기를 제약하는 효과를 가진다.

실제로 현재 당원으로서 행사할 수 있는 권한은 공직후보자 선출권 하나에 불과하여 사실상 당원으로서 갖는 권한은 매우 제한적이다. 이는 정당 가입을 선택하게 된 당원들의 동기에 부합하지 않을 뿐만 아니라, 일반 유권자가 정당 가입을 선택하게 하는 유인으로 크게 호소력을 발휘하지 못하며, 장기적으로 정당민주주의 제고에 부정적 영향을 미칠 가능성이 높다.

정당민주주의 발전의 기준이 유권자에 대한 대표성, 반응성, 책임성이라면, 유권자 의사의 충분한 수렴과 반영을 할 수 있는 현실적인 조직적 토대로서 당원제 활성화를 적극적으로 고려하여야 한다. 이를 위해서 유권자들에게 정당 가입이 자신의 의사를 정치권에 반영할 수 있는 유일한 통로라는 인식을 우선적으로 전달하여야 하는데, 자신의 의사 반영이 일반 유권자로 남아있을 때보다 정당 가입을 선택하였을 때 효율적으로 이루어진다는 사실을 유권자들이 알게 할 필요가 있다. 그러한 방식 중 하나가 바로 당원과 비당원에게 정당활동에 대한 권한을 차별적으로 부여하는 것인데. 정당은 이러한 조직전략을 선택하여 기존의 당원들이 정당 가입을 통한 정치참여의 의미를 확인하도록 노력하여야 한다.

제9장

선거제도와 운영의 선진화

1987년 민주화 이후 도입된 한국의 다양한 선거제도는 단기간 안에 제도화되는데 성공하여 신생민주주의 국가들에게 공고화의 모델이 되고 있다. 그러나 선거제도 대표성의 문제, 지역정당의 문제 등 한국 선거정치의 선진화를 위해서는 아직도 개선할 점이 많다. 먼저 지금보다 대표성을 높일 수 있는 선거제도를 지속적으로 도입해야 한다. 또한 지역주의에 기댄 거대정당의 독점적 구조를 해소하고 유권자의 정치적 관심과 이해를 높여 위임반응성을 높여야 한다. 이를 위해 정치와 선거에 대한 국민의 인식이 변화해야 하고, 선거운동에 있어서 다양한 시민적 자유가 확대되어야 한다. 이런 과정에서 유권자들이 민주주의의 중요성을 체험하고 보다 책임 있고 심의능력을 겸비한 민주시민으로 변화된다면, 민주주의 심화를 위해서 한국의 선거정치가 한 단계 도약했다고 할 수 있을 것이다.

I. 비례대표의석 확대를 통한 대표성 확보

정치의 대표성을 높이는 방안으로 정당이 단순히 선거를 위한 조직에서 벗어나 정강정책을 만들어내고 이를 실현하는 조직으로 변화하기 위해서는 이를 책임있게 추진할 정치적 인적 자원을 확보하는 방안을 고려해야 한다. 이와 동시에 의원들의 정책적 유연성을 높이는 방안이 추진되어야 한다. 이를 위해서 국회의원 선거제도에 있어서 단순다수제와 함께 정당명부제에 의한 비례대표제를 실시하고 지역구 선거는 미국의 예비선거제도를 도입해 실제로 후보자를 공천하게 된다면 정당의 정체성을 유지하면서 의원들의 자율성도 확보할 수 있다. 이런 취지에서 2004년에 비례대표제도에 있어서 정당명부제가 도입이 되었고 각 정당은 보다 열린 공천과정을 창출해 내려고 노력하고 있다(박기덕 2006, 331).

정당명부제 도입으로 거대정당의 독점을이 약화되고 군소정당의 원내 진출이 용이해졌다는 것이 일반적인 평가이지만, 국회의원 정수에서 비례대표 비중이 낮아 거대 정당의 독과점체제를 해소하기에는 역부족인 것도 사실이다. 선거제도의 비례지수를 통해 살펴보면 2004년 새로운 제도가 도입 이후 실시된 2004년 선거의 비례지수는 87.9로, 이전의 선거(1988년부터 2000년까지)의 비례지수 평균인 88.5보다도 낮은 것으로 조사되었다(장훈 2006). 이런 결과는 정당명부제가 비례성을 높이지 못했기 때문이라기보다는 비례의석이 줄어들어 그 효과가 나타나지 않았기 때문이라고 보는 것이 타당하다. 따라서 혼합형 선거제도하에서 비례대표의 의석을 대폭 확대한다면 득표의 의석 비례성은 높아질 것이다(어수영 2011). 실제로 한 연구에 의하면 비례대표의석의 수나 비율을 늘려 모의실험을 한 결과 의석수가 늘어남에 따라 비례성도 높아지는 것으로 나타났다. 현재 지역구 243의석에 비례대표의석을 100석의 늘리는 경우(전체의석에 대한 비례대표 의석 비율은 29%)와 122석으로 늘리는 경우(전체의석에 대한 비례대표 의석 비율은 33%)를 실험한 결과 100석을 늘릴 때 비례지수는 90.2로 상승하고 122석으로 늘릴 때는 비례지수가 91.1로 상승하였다(장훈 2006, 202-3). 결국 비례성을 높이기 위해서는 현재의 비례대표의석 비율을 높이거나 비례대표의석수를 늘려야 한다는 결론이 도출된다.

비례대표의 확대와 관련해 한국의 제도적 특성을 고려해 추진해야 한다는 주장은 설득력을 지닌다. 대통령제와 다당제는 분점정부와 정치적 불안정성을 가져올 수 있다는 주장에서도 알 수 있듯이, 비례대표 의석의 무제한적 확대는 문제가 있다고 보이며 제한적인 비례대표의 확대가 제안되기도 한다. 이러한 입장에서 보면 전면적인 비례제 도입보다는 소선구제를 보완하는 정도에서 비례제를 확대하고 비례성이 높은 선거제도로 전환하는 것이 필요하다고 주장한다(김용복2009).[52] 이러한 이론적 문제뿐만 아니라 현실적으로도 지역구 의석을 줄이고 그 줄인 의석만큼을 비례대표 의원로 채운다는 것은 현직의원들의 반발로 인해 실현가능성이 거의 없다고 본다. 따라서 이에 대한 대안으로 전체 의원수를 늘리고 늘어난 의석을 비례대표로 활용하자는 의견이 가장 현실적 타당성이 있다.

비례대표의 의석수 증가 이외에도 현재 비례대표 공천 방식의 변

---

[52] 메인웨어링(Mainwaring 1993)의 연구를 인용하면서 대통령과 다당제하에서의 정치적 불안정을 논의하고 있다.

화가 있어야 대표성이 높아질 수 있다. 비례대표 공천이 정당 지도부의 뜻에 따라 하향식으로 정해지는 방식(김만흠 2009)과 정치후원금 기부에 따른 대가성 공천은 대표성을 낮추고 있어 이에 대한 제도적 개선이 필요하다.

최근에 각 정당 내부에서 상향식 공천제에 대한 논의가 진행되고 있으며, 또한 정당들은 경쟁적으로 상향식 공천제를 도입하겠다고 선언하고 있다. 그러나 상향식 공천제 도입 논의에서 주의해야 할 점은 참여의 확대가 실제로 선거, 정당정치의 관점에서 항상 바람직한 결과를 가져오지는 않는다는 것이다.

일반 국민에게 정당의 후보자를 선출하는 권한을 주는 미국식 개방형 예비선거(primary)가 가장 민주적이고 개방적인 제도이지만, 이런 제도의 전면적 도입은 정당 당원을 소외시키고 정당조직을 약화시킬 가능성이 높기 때문에 도입에 신중을 기해야 한다(전용주 2010). 다시 말해서 국민의 참여를 촉진하는 동시에 안정적 조직으로서 정당의 발전을 동시에 추구할 수 있는 균형있는 방식에서 제도개선이 이루어져야 한다.

II. 지역정당의 허용을 통한 반응성 제고

선거정치와 관련하여 유권자에 대한 국민의 위임반응성이 떨어지는 이유 중 하나로 지역주의가 지적되었다. 일반적으로 지역주의에 근거한 거대 지역정당 독점체제가 한국정치의 가장 큰 문제라는 데는 많은 국민이 동의하고 있다. 지역주의 타파를 위한 다양한 개선안들이 제시되었고 현재에도 제시되고 있지만, 제시된 개선안이 얼마나 실효성을 가질 것인지에 대해서는 이견이 존재한다. 우선 지역주의선거 개선안으로 제시된 내용을 크게 두 가지로 요약하면 중대선거구제와 석패율제도의 도입이다.

먼저 중대선거구제의 도입을 주장하는 입장은 선거구의 규모를 소선거구에서 중대선거구제로 변경한다면 보다 많은 후보가 선출되기 때문에, 타지역정당의 후보자도 특정 지역정당이 강세를 보이는 지역에서 당선가능성이 높아진다는 논리를 전개하고 있다. 하지만 이러한 중대선거구제의 도입은 의도하지 않는 결과(unintended consequences), 즉 아무런 효과가 없고 심지어 지역주의를 강화하거나 대표성을 훼손시킬 수 있기 때문에 적절한 대안은 되지 못한다. 예를 들면 한 정당이 여러 명의 후보를 공천할 경우 지역주의 정서가 매우 강한 지역이라면 지역정당 후보가 모두 당선되는 경우도 발생할 수 있어 지역주의의 문제점을 악화시킬 수 있다. 이와 달리 중대선거구제하에서 각 정당이 한 선거구에 1명의 후보만을 공천한다고 하더라도 여전히 문제는 남아있다. 지역주의가 강한 지역에서는 타지역 정당의 후보자가 출마할 가능성보다는 무소속후보들이 출마할 가능성이 더 높다. 이렇게 무소속 후보들이 출마해서 당선되면 이들은 또한 그 지역에서 속한 지역정당으로 입당할 가능성이 매우 높다.

중대선거구제 도입이 지니는 문제점은 단순히 이러한 제도가 실제로 지역주의를 약화시키는데 크게 기여하지 못한다는 점에만 그치지는 않고 또 다른 문제점도 가져 올 수 있다. 즉 중대선거구제하에서 여러 명의 의원을 선출하는 경우 매우 낮은 득표율로도 당선되는 의원이 등장할 수 있기 때문에 당선자의 대표성이 확보되기 어렵다는 문제점이 나타날 수 있다. 또한 중대선거구제하에서는 각 정당이 여러 후보를 복수로 공천하는 문제도 등장할 수 있다. 예컨 대 1994년 선거개혁 이전의 일본이나 혹은 대만의 경우 동일한 정 당 소속 후보 간의 경쟁이 있을 수 있기 때문에, 정당의 내부결속력 이 저하되고 동일 정당내 파벌이 형성될 가능성이 높아진다(강원택 2005, 60-62). 중대선거구제를 통해 지역주의를 줄이려는 방안은 결 국 의원의 대표성과 정당의 결속력을 줄이는 부작용을 낳을 수 있 기 때문에 적절하지 못하다. 그럼에도 불구하고 대통령직속 사회통 합위원회는 지역주의 극복을 위해 소선거구제의 중대선거구제 전 환을 선거제도 개선 방안으로 이명박 대통령에게 건의한 바 있는,[53] 이는 지역주의 문제를 해결하는데 있어서 행정부가 다양한 대안을 검토하지 못한 채 잘못된 시각을 가지고 있는 것으로 보인다.

두 번째 대안으로 제시된 석패율제도는 국회의원선거 후보자가 지역구와 비례대표에 중복 입후보하여 동시에 출마하고 가장 높은 득표율로 낙선한 후보를 비례대표로 선출하는 방식이다. 이 제도는 현재 일본만이 유일하게 1994년부터 실시하고 있는 제도이다. 최근 중앙선거관리위원회는 지역주의 완화를 위해 석패율제도를 도입해 야 한다는 내용의 정치관계법 개정의견을 제시하였다.[54] 석패율제 도는 지역적으로 열세인 선거구에서 2등을 한 후보에게 비례대표

---

53) 『한국일보』, 10/06/09, http://news.hankooki.com/lpage/politics/201006/ h2010060815435121000.htm(검색일: 11/5/26).

54) 중앙선관위 보도자료 "중앙선관위, 정치관계법 개정의견 주요내용 발표," http:// www.nec.go.kr/nec_new2009/nec_html/notice/notice03.jsp(검색일: 11/05/27). 선관위는 이 제도를 '지역구 결합 비례대표후보자'제도라고 한다.

로 당선될 기회를 부여하기 때문에, 타 지역정당이 지배하는 지역에서 상대적으로 지지도 떨어지는 정당도 자신이 공천한 정당 후보의 선거운동에 적극적으로 개입하게 할 수 있다. 다음의 〈표 6〉은 중앙선거관리위원회가 제시한 석패율제도를 도입한 경우 제18대 총선 득표율로 기준으로 영남지역과 호남지역에서 한나라당 후보와 민주당 후보가 당선될 수 있는 현황을 예상해 본 것이다. 같은 시도에 출마하는 동일 정당 후보자들은 비례대표 순번을 공동으로 받게 되고, 낙선한 경우 선관위가 정한 득표율 계산식(낙선한 후보자 득표수/후보자 1인당 평균 득표수×100)에 따라 높은 득표율을 얻은 후보는 부활하게 된다. 아래의 〈표 6〉을 보면 비례대표가 1명일 경우에도 영남에 민주당 후보가, 호남에 한나라당 후보가 비례대표로 당선될 수 있음을 알 수 있다.

〈표6〉 18대 총선 득표율로 추산해본 한나라 · 민주당의 영 · 호남 지역 비례대표 당선 현황

시 · 도	선거구	10% 이상 득표자	득표율	1명일 때	2명일 때
전북	진안, 무주, 장수, 임실, 고창, 부안	장용진(한)	41.8	×	○
		김종훈(한)	42.8	○	○
전남	광양	김광영(한)	110.7	○	○
	담양, 곡성, 구례	김문일(한)	38.4	×	○
광주	서구갑	정용화(한)	66.7	○	○
경북	포항남, 울릉	허대만(민)	68.3	○	○
경남	마산을	허귀나(민)	79.4	×	○
	김해갑	정영두(민)	150.9	○	○
부산	북구강서갑	전재수(민)	115.7	○	○
	북구강서을	정진우(민)	92.7	×	○
울산	중구	임동호(민)	44.5	○	○
대구	민주당 10%이상 득표자 없음				

* 득표율은 평균득표수 대비(단위: %)
* 출처: 조선일보, "영호남에서도 野 · 與 국회의원 내자" 11/03/25, http://news.chosun.com/site/data/html_dir/2011/03/25/2011032500127.html(검색일: 11/06/25)

이러한 잠재적인 긍정적 측면에도 불구하고 석패율제도 역시 많은 문제점을 갖고 있다. 먼저 중복입후보를 허용하는 경우 참신한 신진정치인보다는 현직의원이 중복후보로 될 가능성이 높아 국회 진입장벽을 높일 수 있어 선거경쟁력의 형평성에서 문제가 발생할 수 있다. 두 번째는 비례성을 훼손시킬 수 있다는 점이다. 특히 소수 진보정당들은 "지역구 후보들을 비례대표로 전환하는 방침인 만큼 직능, 사회적 소수자를 배려하기 위해 만들어진 비례대표 제도를 전면 훼손한다"고 주장하고 있다.[55] 따라서 지역적 기반이 없거나 지역적 기반이 약한 이념정당에게는 석패율제도의 도입보다는 비례대표의 확대가 더 바람직한 방안이라고 주장한다. 마지막으로 또 다른 문제점으로 지적되는 것은 현재 중앙선거관리위원회나 정치권에서 주장하는 석패율제도의 도입은 비례성의 제고에 본원적인 한계가 있다는 점이다. 석패율제도가 정당활동과 선거운동을 촉진하여 다소 지역주의를 완화할 수는 있지만, 현재와 같이 낮은 비율의 비례대표의석의 상황에서는 큰 효과를 볼 수 없기 때문이다 (김용복 2009).

이 외에도 기왕에 많은 논의가 진행되지는 않았지만 새로운 지역 정당의 허용을 통해 기존 지역 거대정당의 독점구조를 줄여보자는 개선안도 있다. 기존 지역정당의 일당독점 구조를 변화시킬 수 있는 방법으로 지역 수준에서 정치적 다원성을 확대시킬 수 있는 새로운 지역정당을 허용한다면 지역정당 간의 경쟁을 촉발시키게 되고, 따라서 지역주민의 이해도 더 많이 대표될 수 있으며 일당 독

---

55) 레디안 인터넷미디어, http://www.redian.org/news/articleView.html?idxno=21951(검색일: 11/06/04).

점의 구조도 변화될 것이라는 주장이 제기되고 있다(강원택 2010). 제17대 총선의 경우 호남지역에서 민주당과의 경쟁에서 열린우리당의 선전과 제18대 총선의 경우 영남지역에서 한나라당과 경쟁에서 친박연대의 선전은 지역 거대정당의 전횡에 회의를 느낀 유권자들이 새로운 지역적 대안이 나타나면서 새로운 투표행태를 보여줬기 때문에 가능하였다. 따라서 새로운 지역정당을 활성화한다면 기존 지역정당의 독점 구조도 완화되고 정당들은 지역민의 이해를 적극적으로 반영하려고 하기 때문에 선거 반응성은 매우 높아질 것이다. 한국 선거정치에서 지역주의의 문제점은 늘 문제점으로 지적되어 왔지만 실효성 없는 제도를 도입하여 다른 정치적 가치를 해치는 부작용을 가져온다면 그러한 제도의 도입을 포기하는 것이 더욱 현실적이다. 따라서 보다 현실적인 대안으로서 새로운 지역정당을 활성화하여 지역내 정당간 경쟁을 도모하는 것도 충분히 고려해 볼 수 있을 것이다.

III. 규제를 넘어 자유로운 선거 활성화

　　민주주의의 공고화 이후 선거의 자유를 확대하려는 노력은 지속되고 있지, 아직도 규제중심의 선거관리가 이루어지고 있으며 새로운 변화에 적극적으로 대처하지 못하고 있다. 특히 인터넷과 같은 사이버 공간에서 이루어지고 있는 선거운동은 정화되어야 하는 문제의 공간으로 간주하고 포괄적으로 규제해야 한다는 인식이 정부에 만연되어 있고, 이를 뒷받침하기 위해 법률에 과도하게 의존하고 있는 실정이다(장우영 2010).

2010년 6 · 2 지방선거를 앞두고 트위터(Twitter)와 연계하여 사이버 여론조사가 가능한 트위폴을 이용하여 지지하는 정당과 후보자에 대한 여론조사를 게시하여 선거법 위반으로 김모씨가 입건되었다. 2007년에도 유씨씨(UCC)를 통한 선거운동이 선거법에 위배되어 제재를 받은 사례도 있다.[56]

물론 현행법에 따라 불법을 저지르는 경우 처벌을 받는 것은 당연하지만, 새로운 미디어와 정보화 수단에 익숙한 사람들이 자유롭게 정치적 의사를 교환하고 정보를 얻는 것을 막는 것은 민주주의 발전을 저해하고 정치적 참여를 줄일 가능성이 있다. 악성 댓글, 프라이버시 침해, 해킹 등의 문제로 인터넷 규제제도 자체도 필요하지만, 규제 적용 대상에 따른 차별화 정책이 필요하다. 특히 선거가 있는 시기에는 정치정보가 유통되고 토론되는 기간이기 때문에 선거규제를 보다 탄력적으로 운영하는 것이 요구된다(윤성이 외 2010).

보다 열린 그리고 자유로운 선거운동의 허용은 정치적 정보의 유통, 정치적 참여와 토론으로 연결되기 때문에 매우 중요하다. 6 · 2 지방선거와 2011년 재 · 보궐선거에서 트위터를 통한 선거참여 독려행위가 있었고 확실한 인과관계가 밝혀지지는 않았지만 최근 선거에서 젊은 세대의 투표율이 상승하는 것은 매우 다행스러운 일이다.

---

56) 『중앙일보』, 2010/05/04, http://article.joinsmsn.com/news/article/article.asp?ctg=16&Total_ID=4147401(검색일: 11/05/26).

전통적으로 평균 투표율을 밑돌던 20~30대 유권자들이 트위터를 통해 이른바 '인증샷'(투표를 확인하는 기념 사진)을 올리며 투표를 독려하는가 하면 투표를 일종의 '즐거움'으로 공유하는 현상이 나타났다. 전문가들은 젊은층 유권자들이 대거 투표에 참여했기 때문에 이번 지방선거 투표율이 15년 만에 최고치인 54.5%를 기록할 수 있었다고 분석했다.[57]

위의 내용은 6·2지방선거에 관한 기사로 정보화를 통해 젊은 세대의 정치참여를 확대한 측면과 현대정치가 정치와 문화, 생활의 경계를 허물고 있다는 측면을 잘 보여주고 있다. 그러나 한국의 현실은 현대정치 추세와 반대 방향을 가고 있으며 결국 사이버공간은 유권자의 적극적 참여를 독려하기 보다는 정당과 후보들의 홍보의 장으로 전락하였다(장우영 2010). 최근에는 유권자의 표현의 자유와 자유로운 선거운동을 막고 있는 선거법을 개정하자는 시민네트워크까지 결성되었다. '유권자 자유 네트워크(유자넷)'은 2011년 6월 1일 '유권자 선거 자유캠페인 선포식'을 개최하며 구시대적 선거법이 유권자의 정치참여를 막고 있다고 주장하였다.[58]

국민들의 자유로운 정치참여와 공적 토론을 유도하기 위해서는 기존의 정치참여 방식인 선거 이외에 새로운 형태의 정치참여도 제도화하여 정상적인 정치참여로 흡수해야 한다. 현재 한국의 선거 이외의 비공식 정치참여의 특징은 두 가지로 요약할 수 있다.

먼저, 대표적인 비선거적 정치참여의 시위가 탈물질적 성격이 강한 신사회운동적 경향을 보인다는 점이다. 계급적 경제 이슈보다는

---

57) 『주간조선』 2109호, 2010/06/14, http://weekly.chosun.com/client/news/tagViw. asp?nNewsNumb=002109100001&ctcd=C01&cpage=(검색일: 11/06/01).

58) 『한겨레』, "낡은 선거법 개정 유권자 뭉쳤다"(11/06/02).

인권, 환경, 삶의 질, 여권신장 등에 대한 요구가 시위의 주된 원인이 되고 있다. 이런 현상의 발생원인은 현 정치권이나 선거제도가 국민들의 새로운 의사나 요구를 반영하지 못했기 때문이라고도 볼 수 있다(임성학 2009, 74).

두 번째는, 참여의 형태이다. 정치현안이 있을 때 자신들의 목소리를 어떤 방식으로 내고 있는지에 대한 설문조사에서 응답자의 35.6%가 '온라인이나 길거리 서명운동에 참여'한다고 응답했고, '옥외집회나 거리시위'는 9.9%, '정부, 정당, 기업 등 해당기관 게시판에 참여'는 6.3%, '트위터, 페이스북, 미투데이 같은 소셜네트워크(SNS)로 알린다'는 4.7%로 나타났다. 다시 정리하면 응답자의 비율은 서명운동, 온라인 댓글과 SNS, 집회와 시위 순서로 많은 것으로 나타났다.[59] 가장 비용이 적게 드는 방식인 서명운동이나 정보화 기술을 이용하여 쉽고 빠르게 참여할 수 있는 온라인 댓글과 SNS가 중요한 정치참여 형태로 발전해 나가고 있음을 알 수 있다. 따라서 선거참여방식도 좀 더 다양화하여 보다 쉽고 편리하게 할 수 있도록 제도를 보완해 가야 한다.

---

59) 『한겨레』, "정치목소리 어떻게 내나"(11/06/09).

종장

 지금까지 이 책에서는 1987년 민주화 이후 민주주의의 공고화 시기를 완수한 한국 정치의 새로운 과제는 민주주의의 심화라고 파악하고 논의를 전개하였다. 민주주의 공고화와 더불어 민주주의의 심화는 신생 민주주의 국가들이 해결해야할 힘든 숙제이며, 심화의 과제는 개별국가마다 다양하게 나타날 것으로 보인다. 민주주의 심화의 과정이 얼마나 힘든 것인지는 최근 연구에서 여러 가지 지표를 통해서 나타나고 있다.

 그 가운데 하나로서 개별국가의 민주주의 수준을 다양한 지표를 통해서 측정해 매년 발표하는 프리덤하우스(Freedom House)는 2011년 최근 5년간 전 세계적으로 민주주의의 후퇴가 발생하였다고 발표하였다. 부분적 자유국가의 경우 57개 국가에서 민주주의가 후퇴한 반면, 38개국에서만 민주주의의 진전을 보이고 있다. 이러한 현상은 부분적 자유국가와 비자유국가에서 지도자와 중산층의 민주화 열의가 식어가고 아시아 지역에서는 독재에 대한 향수도 나타나고 있기 때문이다.[60]

이와 같이 신생 민주주의 국가에서 민주주의가 공고화되기 위해서는 많은 도전과 시련이 있기 마련이다. 과거 권위주의 세력의 잔존, 민주화에 따른 단기적 혼란, 시민들의 사회경제적 욕구 분출, 경제위기에 취약한 경제구조, 특히 동유럽 국가 등에서 나타나는 경제와 정치체제의 동시 변환 등으로 인해 신생민주주의가 공고화되는 과정은 지난한 일이다. 그래서 많은 정치학자들은 신생 민주주의의 공고화의 과정, 요소, 제도 등에 관심을 가지고 이들 국가에 민주주의를 정착시키고 더 이상 권위주의로의 회귀 가능성을 낮추려고 노력하였다.

한국은 이런 신생민주주의 국가와 달리 빠른 시간 내에 민주주의 제도를 정착시키고 공고화에 성공하였다. 대부분의 국민들이 민주주의가 가장 좋은 정치제도라는 믿음을 갖게 되었으며 군부의 정치적 개입을 차단하고 민간이 주도하는 정부를 수립하였다. 또한 민주화 이후 선거를 통한 여당과 야당의 평화적 정권교체가 이루어져 민주주의가 정치적 변화의 유일한 규칙이 되었다. 따라서 이제 한국 민주주의의 목표는 권위주의로의 회귀를 막으려는 공고화가 아니라 보다 민주주의를 확대 발전시키는 심화에 두어야 할 시점이다. 그러나 기존의 연구와 분석은 민주주의 공고화에 치중되어 한국의 민주주의 심화과제에 대한 논의에 기여하지 못하고 있었다.

---

60) 프리덤하우스 홈페이지의 자료를 참고하였다. http://freedomhouse.org/uploads/ccr/page-44.pdf(검색일: 2011/07/14).

이 책의 목표는 이런 한계를 극복하고 한국 민주주의 심화를 위한 대안을 제시하는 것이다.

이를 위해 이 책에서 저자들은 먼저 민주주의의 심화에 대한 개념을 정립하였다. 그리고 민주화 이후 지금까지 한국 민주주의 공고화의 성과를 평가하고, 민주주의의 심화에 걸림돌이 되고 있는 다양한 정치제도의 문제점을 논의했으며, 마지막으로 이를 해결할 수 있는 대안을 제시하였다.

먼저 민주주의의 심화 개념에 대한 논의를 정리하면 다음과 같다. 민주주의의 심화는 민주주의의 질적 향상을 위한 노력을 총괄하고 있다. 민주주의의 질적 향상을 위한 노력은 제도화 관점과 효능감 관점이라는 두 가지 관점에서 대체로 접근이 가능하다. 이 연구는 주로 정치적 영역에서 제도화 관점을 채택하고 출발하였다. 정치적 영역뿐만 아니라 경제, 사회, 문화 등 광범위한 영역에서 '시민으로서의 효능감'을 추구하는 '수요측면의 심화'라는 방향보다는, 민주주의의 발전과정에서 나타난 정치적 제도의 문제점을 중심으로 하는 '공급측면'의 관점에서 논의를 진행하였다. 민주주의의 지속적 발전을 위해 제도개혁과 정치엘리트와 국민의 행태 및 태도의 변화를 가장 크게 요청하는 부분인 대통령제, 의회, 정당, 선거 등 네 가지 영역을 중심으로 연구하였다.

두 번째, 이 책은 한국 민주주의 성과를 개괄적으로 살펴 보았다. 네 가지 정치영역 중 대통령제의 경우 선거라는 방식 이외의 경로를 통해서 권력이 교체되는 것이 근원적으로 불가능하게 된 제6공화국하에서의 한국 대통령제는 민주주의 공고화의 모범적인 사례가 되었다. 민주화 이후 다섯 차례 대선과 두 차례 권력의 이념변화 과정에서 쿠데타와 같은 헌정중단의 사례는 단 한 번도 없었고, 부정선거로 인한 논란이나 정당 간 갈등도 없었다. 또한 권위주의 유산인 특정한 권력집단이나 특권조직(예를 들면 군부세력)이 국민의 선거를 통해서 선출한 대통령을 통제하는 '퇴행적 제도화' 현상이 없었다는 점은 주목할 만하다.

다음 영역인 의회정치와 관련해서 살펴보면, 민주화 이후 입법부와 행정부 간의 권력분립의 원칙하에 입법권이 상당한 독립성을 보장받고 그 기능이 향상되는 방향으로 개선되었다. 국회는 강력한 제도적 권한을 회복하였는데 유신헌법에서 폐지되었던 국정감사권과 국정조사권이 부활되었으며, 대통령의 국회해산권이 폐지되어, 국회의 헌법상 지위가 제3공화국의 시기에 준하게 복원되었다. 또한 국회를 보좌하고 의정활동을 활성화하기 위해 예산정책처 및 입법조사처가 신설되는 등 국회의 입법지원기구도 확충되었다. 또한 국회의 입법기능이 강화되어 행정부나 대통령의 정책 어젠다를 그냥 통과시켜주는 통법부나 거수기 역할에서 벗어나 입법의제설정의 주도권을 어느 정도 확보하게 되었다.

세 번째 영역인 정당정치와 관련되어 보면 우선 민주화 이후 제한적 정당경쟁에서 실질적 경쟁으로 변화되었다는 성과에 주목해 볼수 있다. 과거와 달리 압도적 우위를 차지하는 여당이나 충성스러운 반대의 역할만을 하는 취약한 야당은 더 이상 존재하지 않게 되었다. 또한 정당 민주화에서도 진전이 있었는데 정당의 핵심인 공천과정에서 정당 지도부가 더 이상 절대적 영향을 행사할 수 없는 구조로 전환하였다.

마지막으로 선거영역의 성과도 주목할 만하다. 불법선거와 정치자금으로 인한 정치적 스캔들이 발생하여 정치권은 정치개혁을 더이상 미룰 수 없는 상황에 이르게 되었고, 이러한 분위기는 선거운

〈표 7〉 네 가지 영역에서 한국 민주주의의 성과

영역	한국 민주주의의 성과
대통령제	- 헌정중단이 없는 평화적 정권교체가 이루어짐 - 권위주의로의 퇴행이 차단됨
의회	- 국회의 권한이 부활되고 제도적 지원기구가 강화됨 - 국회의 입법의제 설정기능이 강화됨
정당	- 실질적 정당경쟁이 제도화됨 - 지도부 권력집중의 완화를 통한 정당 민주주의가 진전됨
선거	- 제도적 보완으로 부정, 불법선거가 감소됨 - 동원형 고비용 선거에서 매스미디어형 저비용 선거로 전환됨

동의 자유와 공정성을 강화하였고 불법선거, 금권선거를 막을 수 있는 제도적 장치를 마련하였다. 기존의 조직동원형 고비용 선거방식을 매스미디어를 이용한 저비용 선거방식으로 전환하여 부정선거의 가능성을 줄여나갔다. 이런 네 가지 영역에서의 민주주의제도의 정착은 한국 민주주의를 공고화하는 데 큰 역할을 하였다. 〈표 7〉은 한국 민주주의의 성과를 요약한 것이다.

이런 제도적 개선에도 불구하고 한국 민주주의의 심화를 위해 가야할 길은 여전히 멀고 험하다. 제도의 도입과 시행이 항상 의도한 결과를 가져오지 않을 뿐더러 한국의 특수한 정치적 환경과 속성으로 기대와 다른 정치적 결과가 도출되기도 하기 때문이다. 이런 심화과정에서 파생된 제도적 부작용을 해결해야만 진정한 민주주의의 심화를 완성할 수 있다. 따라서 저자들은 위에서 지적한 한국 민주주의의 성과와 마찬가지로 동일한 네 가지 영역에서 문제점을 지적하고 해결방안을 제시하였다.

먼저, '대통령 중심제'적 대통령제와 관련하여 보면 축적적 발전을 저해하는 과거부정형 대통령제의 폐단, 그리고 정치과정의 지나친 대통령화 현상 등이 도래하여 한국 대통령제의 대표적인 문제점으로 지적되고 있다. 대통령에게 권력이 집중되어 있고 상대적으로 국회의 권한이 위축되어 있는 대통령 중심제형 권력구조의 문제점, 새로운 대통령이 등장할 때마다 관행처럼 반복적으로 등장하는 전임 대통령 업적에 대한 폄하의 정치, 대통령의 정책어젠다가 그대로 국회에서 주요한 입법의제로 변화하는 등 대통령의 영향력이 지나치게 부각되는 한국 정치과정의 문제점은 단순히 정규적인 대통령 선거를 통한 '평화적 정권교체'와 '평화적 이념교체'라는 성과를 넘어서서 한국 민주주의의 심화와 질적 발전을 위해서 해결되어야 할 중요한 과제다. 대통령제의 이런 문제는 권력구조상 대통령제의 근간을 유지하면서도 이의 부작용과 부정적인 측면을 최소화해야 하는 과제를 안고 있다. 대통령제의 대통령 중심제적 경향을 완화하면서 상대적으로 의회의 권한을 증대시키고, 대통령제의 승자독식적 경향과 관련된 전후임 대통령 간의 알력을 최소화하여, 지나치게 대통령에 의존하고 있는 정치과정을 개혁하는 것 등이 한국 대통령제와 관련된 민주주의 심화의 매우 중요한 과제라고 할 수 있다.

둘째, 의회정치의 영역과 관련하여 무엇보다도 먼저 지적되어야 할 사항은 대통령 중심제적 대통령제의 오랜 전통이 정치과정에서 국회의 역할을 축소시켰다는 점이다. 이로 인해서 국회의 헌법상 기능과 역할은 제대로 수행되지 못 하였다. 강한 대통령은 국회를 대등한 정치파트너로서 타협하고 설득하려고 하기보다는, 국회 위에 그리고 국회를 통해서 국정으로 지배하고 군림하고자 하였다. 이와 동시에 정당 간 원내 갈등으로 잦은 입법교착과 의사파행으로 인해 입법활동이 부실해지고 있다는 문제점도 빈번히 지적되고 있다. 또한 피감기관의 불성실한 자료제출, 증인의 출석거부와 이에 대한 고발 등은 해마다 국정감사에서 반복되고 있어 행정부 감독 및 견제 기능이 활성화되지 못하고 있다. 또한 국가 재정통제권과 관련해서 보면 국회가 예산안을 심사할 수 있는 실질적인 기간은 60일에 불과해 의회가 정부가 제출한 복잡하고 정교한 예산안을 심사하기에는 불충분하며 따라서 국회의 행정부 예산 작성 및 집행에 대한 통제권은 제한적이다. 국회 입법과정에서 노정된 문제점들은 대부분 제도나 절차의 미비함에서 기인한다기보다는 원내정당 간 불신과 대립적인 정치문화와 같은 행태적인 측면에서 파생된 측면이 강하다. 따라서 국회가 대의민주주의를 구현하는 장으로서 기능하도록 하기 위한 방안 모색도 제도개혁과 함께 국회의원들의 절차적 규범의 준수, 원내정당 간 신뢰의 정치문화 구축과 방향에 초점이 맞추어져야 할 것이다. 이런 바탕 위에서 국회가 입법 및 정책 감독기능을 강화하기 위한 다양한 제도적 방안을 모색해야 할 것이다. 여기에서는 민주적이고 효율적인 의사운영원칙의 확립, 행정부 견제 및 감독활동의 강화, 국회의 재정통제권 강화를 통해서 국회의 기능 강화를 꾀해야 한다.

세 번째 영역인 정당의 경우, 우선 유권자들이 정당에 대해 갖는 신뢰도와 정당정치를 부정적으로 바라보는 것이 가장 큰 문제점으로 지적될 수 있다. 그 이유 가운데 가장 중요한 것은 정당 간 정책적 차별성이 낮기 때문이다. 또한 정당체제가 불안정하고 정당 유동성이 커서 정당 간 이합집산과 반복적으로 시도되어 정당제도화는 낮은 수준이다. 마지막으로 지구당 폐지는 당원을 비롯한 유권자와의 의사소통 채널을 축소하였고, 국민경선제 도입은 실질적인 당원의 권리가 줄어들어 당원제의 발전을 도모할 수 없어 결국 정당 제도화에 부정적일 수밖에 없다. 이러한 문제에 직면하여 정당민주주의 제고를 위한 대안은 정당의 정책경쟁을 강화를 위한 정책연구소의 활성화, 당원에 대한 책임성, 반응성, 대표성을 갖는 정당으로 발전하기 위한 당원제의 발전, 정당조직의 발전을 위한 방안을 중심으로 모색되어야 한다. 우선, 정책경쟁을 강화하기 위해서 정책연구소의 기능과 역할과의 정책 형성에 초점을 맞추어 강화시키도록 하고 둘째, 정당의 균형적 발전을 위해 중앙당을 중심으로 한 원내정당과 기초조직 간의 의사소통 채널을 제도하여 정당민주주의를 제고하여야 한다. 마지막으로, 당원제의 안정적 발전을 위한 당원에게 차별적 권한을 부여함으로써 선택적 인센티브를 제공하여야 한다고 판단된다.

마지막으로 선거정치의 영역을 살펴보면, 민주화 이후 한국의 선거제도는 공정성과 형평성 제고를 위해 부단히 노력하였지만 국민들이 피부로 느끼는 선거의 대표성과 반응성은 크게 개선되지 않고 있는 실정이다. 아직도 거대정당은 득표율보다 더 많은 의석을 차지하고 있으며 거대정당들이 지역독점체제를 유지하고 있기 때문에 국민의 요구에 반응하는 능력도 떨어진다. 또한 선거제도의 운용에 있어서도 문제점이 발견되고 있다. 우선 과거 권위주의시절부터 내려온 선거에 대한 부정적 인식으로 인해, 선거는 자유롭고 공정한 분위기 속에서 정당간 경쟁이 가능하도록 운영되기 보다는 여전히 규제와 통제의 대상으로 인식되고 있다. 위에서 언급한 문제들를 해결하기 위해서는 먼저 지금보다 대표성을 높일 수 있는 선거제도를 도입해야 한다. 특히 비례대표를 확대하여야 하는데 지역구를 현재 수준으로 유지하고 비례대표의석수를 늘리는 것이 현실

<표 8> 한국 민주주의 심화를 위해 해결해야 하는 문제점과 해결방안

	문제점	해결방안
대통령제	- 대통령중심제적 대통령제 - 과거부정의 대통령제와 축적 발전의 부재 - 대통령화된 정치과정	- 집중된 대통령의 권한 축소 - 계승과 축적의 대통령제 모색 - 정치과정의 탈대통령화 추구
의회	- 입법교착으로 인한 입법활동의 부실화 - 취약한 행정부 감독 및 견제기능 - 제한적 국가재정 통제권	- 민주적이고 효율적 의사 운영 및 입법절차 확립 - 행정부 견제 및 감독활동의 강화 - 국회의 재정통제권 강화
정당	- 정당정치에 대한 불신과 취약한 정책적 차별성 - 낮은 수준의 정당 제도화 - 취약한 당원제	- 정당의 정책형성과 정책연구소의 유기적 연계 - 중앙당-원내정당-기초조직간 의사 소통채널의 제도화 - 당원 권한의 차별적 부여
선거	- 대표성 및 반응성이 낮은 선거제도 - 규제 중심의 선거운영	- 비례대표의석 확대를 통한 대표성 확보 - 지역정당 허용을 통한 반응성 제고 - 규제를 넘어 자유로운 선거활성화

적으로 바람직하고 실현 가능할 것으로 보인다. 또한 지역주의에 기댄 거대정당의 독점적 구조를 해소하고 유권자의 정치적 관심과 이해를 높여 위임반응성을 높이기 위해 새로운 지역정당을 허용하여야 한다. 또한 대표성과 반응성이 높아지기 위해서는 정치와 선거에 대한 국민의 인식이 변화해야 하고 선거의 자유가 확대되어야 한다.

제도적 관점에서 한국 민주주의의 심화를 위한 네 가지 정치영역의 문제점과 해결방안은 위의 〈표 8〉에서 나타난 바와 같이 요약하여 제시할 수 있다. 결국 한국 민주주의 심화를 위해 앞으로 다양한 제도들이 도입되고 실행되겠지만, 제도 도입에서 주의해야 하는 점은 두 가지를 지적함으로써 이 책을 마감하고자 한다.

먼저 한국의 정치제도는 제도 도입 및 시행, 그리고 수정 및 폐기가 너무 빨라 제도가 정착되고 그 효과를 보기도 전에 수정되거나 없어지는 경우가 많다. 선거규칙의 잦은 변화는 선거제도의 제도화에 걸림돌이 되는데, 그 이유로서 정치인들의 입장이 전략적 계산에 따라서 자주 변화하고 이는 정치적 불확실성을 초래하여 제도의 정착이 어려워지기 때문이라는 비엘라시악의 조언은 경청할 만하다(Bielasiak 2002, 191). 제도의 도입 이전에 그 제도에 대한 오랜 토론과 도입된 제도의 효과에 대한 검증을 통해 새로운 제도를 신중하게 도입해야 함은 물론, 도입한 제도가 정착할 수 있도록 충분한 시간을 제공해야 하며, 도입된 제도의 단기적 부작용에 대한 이해가 필요하다고 본다.

두 번째는 정치제도가 민주주의의 심화를 가져오는 필요하고 충분한 조건이라는 제도만능적 사고는 다소 위험하다. 민주화 및 민주주의 공고화론의 대가인 오도넬(O'Donnell 2004)은 민주주의의 질을 향상시키기 위한 방안을 찾기 위해 현실 정치인이나 국가 보다는 일상을 살아가는 시민 등 행위주체(agency)에 초점을 맞추고 있다. 민주주의와 인간계발(human development), 인권(human rights) 등의 개념은 제도보다는 행위주체와 매우 밀접한 관계에 있으며, 개별적 시민 스스로가 자신을 민주적 규범을 담지하는 행위주체라고 보는 도덕적, 법적 개념을 향유했을 때 가능하기 때문이다. 정치적 권리, 인간개발능력, 인권에 대한 정의가 수행되고, 이러한 내용들이 어떤 순서로 집행되어야 하는가에 대해서 민주주의적 숙의가 행위주체의 차원에서 진행되어야, 한 분야에서의 능력과 권리 획득은 다른 분야의 능력과 권리 획득에 도움을 주게 되어 민주주의는 연쇄적으로 심화의 과정을 거치면 발전하게 된다. 따라서 민주주의는 단순히 과정, 절차, 제도라는 주장에 찬성할 수 없다는 오도넬은 주장은 경청할 만하다.

결국 민주주의를 생각하고 경험하고 실천하는 것은 일반 국민이기 때문에 국민들이 스스로 민주적 규범을 체득하고, 권리주장 능력을 개발하며, 민주적 정치참여를 실천할 수 있는 의지와 의식을 구비해 나가야 한다. 이런 두 가지 요구사항을 동시에 주목하면서 정치제도를 개선하고 국민 개개인의 민주주의 역량이 강화된다면 한국 민주주의의 미래는 매우 밝다고 하겠다.

참고문헌

가상준. 2009. "지방선거에서 정당공천제: 새로운 변화를 위한 올바른 선택." 『오토피아』 24권 1호, 207-232.

강원택. 2001. "한국정치에서 이원적 정통성의 갈등 해소에 대한 논의: 준대통령제를 중심으로." 『국가전략』 7권 3호, 29-50.

_____. 2005. 『한국의 정치개혁과 민주주의』. 서울: 인간사랑.

_____. 2006. 『대통령제, 내각제와 이원정부제』. 고양: 인간사랑.

_____. 2010. "폐쇄적 지역 정당 구조와 정치개혁: 지방정치를 중심으로." 『한국정치연구』 19권 1호, 1-20.

곽진영. 2009. "한국 정당의 이합집산과 정당체계의 불안정성." 『한국정당학회보』 8권 1호, 115-146.

국회사무처. 2008. 『2008 의정자료집』. 서울: 국회

권 호. 2011. "클린턴 "이집트 영리더, 한국 배워라." 『중앙일보』(5월 9일).

김 욱. 2002. "대통령-의회 관계와 정당의 역할." 『의정연구』 8권 2호, 6-31.

김 혁. 2007. "한국 대통령제의 평가와 발전적 제도화의 모색." 『한국정치연구』 16집 1호, 141-166.

김만흠. 2009. "민주화 20년의 한국정치: 지체된 개혁과 전환기의 혼돈." 『의정연구』 15권 2호, 131-58.

김민전. 2005. "원내 파행방지와 민주적 국회운영을 위한 개선방향." 참여연대 의정감시센터. 「국회파행 방지와 국회 의정활동 활성화를 위한 토론회 자료집」.

_____. 2008. "원내 의석분포, 대통령의 권력, 그리고 국회법개정의 방향." 『한국과 국제정치』 24권 4호, 61-93.

김영래·박상신. 2009. "한국의 혼합선거제도와 정당체제의 변화 연구." 『OUGHTOPIA』 24권 1호, 171-205.

김영종. 2003. "지방주민의 삶의 질 향상: 지방부패문화의 개혁을 중심으로." 『한국부패학회보』 8권 2호, 1-19.

김용복. 2007. "민주화 이후 정당정치와 대통령 리더십." 『기억과 전망』 17호, 6-36.

_____. 2009. "정당정치의 발전을 위한 선거제도의 개혁: 비례대표제의 확대와 석패율제도의 도입." 『기억과 전망』 20호, 39-71.

김용호. 2001. 『한국 정당정치의 이해』. 서울: 나남출판, 23-95.

_____. 2002. "한국의 민주화 이후 단점.분점정부에 대한 평가." 『한국정당학회보』 1권 1호, 89-114.

_____. 2005. "한국의 대통령제 헌정질서의 불안정 요인 분석: 분점정부와 대통령-국회간의 대립." 『국제정치연구』 8권 1호, 257-284.

_____. 2008. "최근 한국 정당의 개혁조치에 대한 평가." 『한국정당학회보』 7권 1호. 195-210.

김일영. 2004. "17대 총선의 역사적 의미와 정당체계 재편 전망." 『한국동북아논총』 32집, 365-383.

김정하·권 호·선승혜. 2009. "왜 '불행한 전직대통령'은 있고 '행복한 전직대통령'은 없나: 퇴임대통령의 활동 용인하는 정치문화 필요." 『중앙일보』(5월 25일), http://article.joinsmsn.com/news/article/article.asp?total_id=3620693(검색일: 2011년 5월 14일).

김주찬·이시원. 2005. "정책결정과정에서 야당의 영향력 연구." 『의정연구』 11권 1호, 27-59.

김준석. 2006. "17대 국회의 국정감사와 예산결산심의 과정 평가." 『한국정당학회보』 5권 2호, 119-139.

김현우. 2000. "국회 원구성 지연문제 소고." 『국회보』 402호, 116-121.

김형철. 2007. "혼합식 선거제도로의 변화와 정치적 효과: 뉴질랜드, 일본, 그리고 한국을 중심으로." 『시민사회와 NGO』 5권 1호, 205-41.

노무현. 2009.『성공과 좌절: 노무현대통령 못 다 쓴 회고록』. 서울: 학고재.

노재현. 2011. "노재현 묻고 노무현의 남자 문재인 답하다."『중앙선데이』 (2월 2일), http://article.joinsmsn.com/news/article/article.asp?total_id=5008603(검색일: 2011년 5월 14일).

류원식. 2009. "측근정치 시스템이 대통령 부패 불러…독립 감시기구 둬야."『동아일보』(5월 21일), http://www.donga.com/fbin/output?n=200905210154(검색일: 2011년 5월 14일).

박경미. 2008. "18대 총선의 공천과 정당조직: 한나라당과 통합민주당을 중심으로."『한국정당학회보』 7권 2호, 41-63.

_____. 2010. "교섭단체제도 운영의 정치적 결과: 주요 정당의 합의와 배제의 구조."『OUGHTOPIA』 25권 1호, 191-213.

박상훈. 2006. "민주화 20년, 한국 민주주의의 방향 전환이 필요한 이유."『황해문화』 53호, 35-56.

박석희. 2009. "국회 예산심의과정의 실태와 특징." 한국행정학회 추계학술대회 발표논문.

박은정. 2010. "정치의 사법화와 민주주의."『서울대학교 법학』 51권 1호, 1-26.

박찬욱. 1992. "한국 국회내 정당간 갈등과 교착상태." 한배호 · 박찬욱 공편. 『한국의 정치갈등』, 79-104. 서울: 법문사.

_____. 1992. "한국 의회내 정당간 갈등과 교착상태."『한국의 정치갈등: 그 유형과 해소방식』. 서울: 법문사, 79-104.

_____. 1995. "한국 의회정치의 특성,"『의정연구』 1권 1호, 14-40.

박찬표. 2002.『한국의회정치와 민주주의: 비교의회론의 시각』. 서울: 도서출판 오름.

박홍엽. 2004. "국민경선제 분석모형 구축에 관한 연구: 2002년 민주당 국민경선제를 중심으로."『정부학연구』 10권 1호, 286-325.

서복경. 2004. "정당개혁과 한국 민주주의의 미래: '원내정당화' 논의의 재고."『동향과 전망』 60호, 11-39.

서중석. 2003.『대한민국 선거이야기: 1948 제헌선거에서 2007 대선까지』. 서울: 역사비평사.

서희경. 2001. "대한민국 건국기의 정부형태와 정부운영에 관한 논쟁연구." 서울대학교 정치학 박사학위 논문.

선관위 홈페이지 보도자료 2004/03/10, http://www.nec.go.kr(검색일: 2004/04/01).

손병권. 2009. "대통령 선거의 정당후보 선발제도: 미국, 대만, 멕시코의 예비 선거 도입과정과 비교." 8권 1호, 169-195.

_____. 2009. "한국 민주주의의 평가와 발전을 위한 제언." 미래전략연구원. "오감도." 1월, 1-6.

_____. 2010. "국회 인사청문회의 정치적 의미." 『의정연구』 16권 1호, 5-33.

손병권·가상준. 2008. "갈등의 현실과 합의에 대한 소망: 국회운영 및 의사 결정 방식에 대한 제17대 국회의원들의 인식." 『한국정치연구』 17집 1호, 87-109.

송건섭. 2010. "유권자의 후보자 선택모델 검증 및 비교." 『한국행정논집』 22권 3호, 671-91.

심지연. 2009. "노무현 전 대통령 서거… 슬픔을 승화시키자." 『중앙일보』(5월 25일).

안순철. 2001. "한국정치의 이데올로기적 예측공간 분석: 16대 총선을 중심으로." 『한국정치학회보』 35집 3호, 153-171.

어수영. 2011. "혼합선거제도 도입에 따른 정치적 효과 분석." 『선거연구』 1권 1호, 7-34.

오승용. 2004. "한국 분점정부의 입법과정 분석: 13대-16대 국회를 중심으로." 『한국정치학회보』 38집 1호, 167-192.

유병곤. 2006. 『갈등과 타협의 정치: 민주화 이후 한국의회정치의 발전』. 서울: 도서출판 오름.

유현종. 2011. "선거운동 규제의 제도적 변화와 지속성." 『한국정치학회보』 45권 1호, 87-111.

윤성이·송경재·민 희. 2010. "인터넷 선거규제에 대한 네티즌의식." 『한국정당학회보』 9권 2호, 181-208.

이동윤. 2010. "지방선거와 정당공천제 논쟁." 『현대정치연구』 제3권 제1호, 71-108.

이정진. 2010. "지구당 폐지를 둘러싼 담론구조와 법 개정 논의." 『한국정치외교사논총』 31집 2호, 353-384.

이현우. 2002. "국회발전과 국회의장 권한." 『의정연구』 10권 1호.

_____. 2006. "17대 국회에 대한 국민평가: 구조적 문제와 운영적 문제." 『의정연구』 12권 1호, 5-30.

임성학. 2003. "정치자금개혁의 원칙과 대안." 박세일·장 훈 공편. 『정치개혁의 성공조건: 권력투쟁에서 정책경쟁으로』. 서울: 동아시아연구원.

_____. 2005. "17대 총선의 선거자금과 정치개혁의 효과." 『한국정치학회보』 39권 2호, 195-216.

_____. 2009. "참여민주주의와 정당체제." 『한국과 국제정치』 25권 1호, 61-92.

임성호. 2003. "원내정당화와 정치개혁." 『의정연구』 9권 1호, 133-166.

임혁백. 2000. 『세계화시대의 민주주의: 현상, 이론, 성찰』. 서울: 나남출판.

장　훈. 2006. "혼합형 선거제도의 정치적 효과." 『한국정치학회보』 40권 5호, 191-213.

_____. 2001. "한국 대통령제의 불안정성의 기원: 분점정부의 제도적, 사회적, 정치적 기원." 『한국정치학회보』 35집 4호, 107-127.

_____. 2009. "민주화 20년의 정당정치: 회색지대 속의 현실과 이론의 전개." 『한국과 국제정치』 25권 1호, 1-31.

장우영. 2010. "선거와 인터넷 규제." 『한국정당학회보』 9권 2호, 209-42.

전용주. 2005. "후보공천과정의 민주화와 그 정치적 결과에 관한 연구: 제17대 국회의원 선거를 중심으로." 『한국정치학회보』 39권 2호, 217-238.

_____. 2010. "한국 정당 후보 공천제도 개혁의 쟁점과 대안." 『현대정치연구』 3권 1호, 37-69.

전진영. 2008. "제18대 국회 원구성 과정의 특징." 『의정연구』 14권 2호, 173-184.

_____. 2010. "제18대 국회 원내정당의 정당응집성 분석." 『한국정당학회보』 9권 2호, 119-139.

_____. 2011. "국회의장 직권상정제도의 운영현황과 정치적 함의." 『한국정치연구』 20집 2호, 53-78.

전진영 외. 2009. 「국회 인사청문제도의 현황과 개선방안」. 국회입법조사처 현안보고서 제56호.

정관용 외. 2009. "[政資法 기습처리 후폭풍] 政資法, 대통령 거부권 검토." 『중앙일보』(3월 8일), http://news.donga.com/3/all/20110308/35386240/1(검색일: 2011년 5월 14일).

정상호. 2008. "정당개혁론의 재성찰." 『시민과 세계』 13호, 144-165.

정진민. 1998. "민주화 이후 한국의 정당정치와 발전방향." 『후기 산업사회 정당정치와 한국의 정당발전』. 서울: 한울 아카데미, 183-210.

_____. 2005. "지구당 폐지 이후의 새로운 정당구조와 당원중심 정당운영의 범위." 『의정연구』 11권 1호, 5-27.

_____. 2008a. "생산적 국회운영을 위한 대통령-국회 관계와 정당." 『한국정당학회보』 7권 1호, 77-102.

_____. 2008b. 『한국의 정당정치와 대통령제 민주주의』. 고양: 인간사랑.

_____. 2009. "원내정당론을 둘러싼 오해들에 대한 정리." 『한국정치연구』 18권 1호, 29-49.

조성대. 2008. "균열구조와 정당체계: 지역주의, 이념, 그리고 2007년 한국 대통령선거." 『현대정치연구』. 169-198.

조정관. 2004. "대통령제 민주주의의 원형과 변형." 『한국 권력구조의 이해』. 서울: 나남출판, 65-109.

_____. 2009. "민주화 이후 국회-대통령-정당의 상생관계?: 역사적 관점에서." 『의정연구』 15권 1호, 5-38.

조현걸 · 박창규. 2000. "6.4 지방선거에서 선거공약이 유권자의 투표행태에 미친 영향분석-대구,경북지역 유권자들의 의식조사를 중심으로." 『대한정치학회보』 8권 2호, 209-45.

지병근. 2010. "후보선출권자(selectorate)의 개방과 분권화가 대안인가: 6 · 2 지방선거에서 한나라당과 민주당의 공천방식에 관한 사례연구." 『현대정치연구』 3권 2호, 217-249.

진영재 · 박준식. 2008. "한국 정당통합 및 연합 유형과 선거 결과와의 관계에서 나타난 특질." 『한국정치학회보』 42집 2호, 129-149.

최상연. 2011년 "친박, 친이 따지지 말고 재집권 위해 힘모아야." 『중앙선데이』 (4월 24일), http://sunday.joins.com/article/view.asp?aid=21450(검색일: 2011년 6월 16일).

최장집. 2005. 『민주화 이후의 민주주의: 한국 민주주의의 보수적 기원과 위기』. 서울: 후마니타스.

최준영 · 조진만 · 가상준 · 손병권. 2008. "국무총리 인사청문회에 나타난 행정부-국회 관계 분석: 회의록에 대한 내용분석을 중심으로." 『한국정치학회보』 42권 2호, 151-169.

홍석민. 2003. "보수당 실업보험 정책의 형성: 보수당 정책연구소(CRD)의 역할, 1929-1939." 『영국연구』 9호, 165-203.

황주홍. 2009. "정당공천제 폐지 반대론에 대한 반론." 한국지방자치학회 정책토론회 「위기의 정당공천제 쟁점과 해법」 논문집. 51-60.

Abelson, Donald E., and Christine M. Carberry. 1998. "Following Suit or Falling behind? A Comparative Analysis of Think Tanks in Canada and the United States." *Canadian Journal of Political Sciences*, Vol. 31, No. 3, 525-555.

Anderson, Christopher J. and Christine A. Guillory. 1997. "Political Institutions and Satisfaction With Democracy." *American Political Science Review,* Vol. 91, No. 1, 66-81.

Barracca, Steven. 2003. "Democratic Consolidation and Deepening in Mexico: A Conceptual and Empirical Analysis. "Paper prepared for delivery at the 2003 Meeting of the Latin American Studies Association, Dallas, Texas. March 27-29.

Bendor, Jonathan, and Terry M. Moe. 1986. "Agenda Control, Committee Capture and the Dynamics of Institutional Politics." *The American Political Science Review,* Vol. 80, No. 4, 1187-1207.

Bielasiak, Jack. 2002. "The Institutionalization of Electoral and Party Systems in Postcommunist States." *Comparative Politics,* Vol. 34, No. 2, 189-210.

Binder, Sarah A. 1999. "The Dynamics of Legislative Gridlock, 1947-96." *American Political Science Review*, Vol. 93, No. 3, 519-533.

Bowler, Shaun, David M. Farrell, and Richard S. Katz. 1999. "Party Cohesion, Party Discipline, and Parliaments." Shaun Bowler, David M. Farrell and Richard S. Katz, eds. *Party Discipline and Parliamentary Government.* Columbus: Ohio State University Press, 208-222.

Carey, John and Andrew Reynolds. 2007. "Parties and Accountable Government in New Democracies." *Party Politics,* Vol. 13, No. 2, 255-274.

Cheibub, Jose Antonio. 2002. "Minority Governments, Deadlock Situations, and the Survival of Presidential Democracies." *Comparative Political Studies,* Vol. 35, No. 3, 284-312.

Collier, David and Steven Levitsky. 1997. "Democracy with Adjectives: Conceptual Innovation in Comparative Research." *World Politics,* Vol. 49, No. 3, 430-451.

Daalder, Hans. 2002. "Parties: Denied, Dismissed, or Redundant? A Critique."

in Richard Gunther, Jos'e R. Montero and Juan J. Linz, eds. *Political Parties: Old Concepts and New Challenges.* Oxford: Oxford University Press. 39-57.

Dahl, Robert A. 1971. *Polyarchy: Participation and Opposition.* New Haven: Yale University Press.

Diamond, Larry, and Doh Chull Shin, eds. 2000. *Institutional Reform and Democratic Consolidation in Korea.* Stanford: Hoover Institution Press.

Fenno, Richard F. 1973. *Congressmen in Committees.* Boston: Littel & Brown.

Foreign Policy, "The World's Most Unruly Parliaments," http://www. foreignpolicy.com/articles/2009/09/15/the_worlds_most_unruly_ parliaments(검색일: 2009년 9월 15일).

Fukuyama, Francis, Bjorn Dressel, and Boo-Seung Chang. 2005. "Challenge and Change in East Asia: Facing the Perils of Presidentialism?" *Journal of Democracy,* Vol. 16, No. 2, 102-116.

Gaventa. John. 2004. "Triumph, Deficit or Contestation?: Deepening the 'Deepening Democracy' Debate." Paper prepared for discussion at the Seminar on Deepening Democracy. Governance and Civil Society Unit, Ford Foundation, Rio de Janeiro, Dec. 2.

Gunther, Richard, and Larry Diamond. 2003. "Species of Political Parties: A New Typology." *Party Politics,* Vol. 9, No. 2, 167-199.

Hamilton, Alexander, James Madison, and John Jay. 1982. *The Federalist Papers. Numbers* No's 49-51, 67-77. New York: Bantam Books (originally published in 1787-1788).

Heller, Patrick. 2009a. "Democratic Deepening in India and South Africa." *Journal of Asian and African Studies,* Vol. 44, No. 1, 123-149.

Heller, Patrick. 2009b. "Democratic Deepening in Brazil, India and South Africa: Towards a Comparative Framework." Paper prepared for "Building Sustainable Democracies." Indiana University, Bloomington, Jan. 29-30.

Heller, William B., and Carol Mershon. 2009. "Introduction: Legislative Party Switching, Parties, and Party Systems." In *Political Parties and Legislative Party Switching.* New York: Palgrave MacMillan 3-28.

Hogue, Henry B. 2009. "Supreme Court Nominations Not Confirmed, 1789-

2008," CRS Report, http://article.joinsmsn.com/news/article/article. asp?total_id=5461554&cloc=rss｜most_view｜global(검색일: 2011년 5월 12일).

Huntington, Samuel. 1996. "Democracy for the Long Haul." *Journal of Democracy,* Vol. 7, No. 2, 3-13.

Hurley, Patricia A., and Kim Quaile Hill. 2003. "Beyond the Demand-Input Model: A Theory of Representational Linkages." *Journal of Politics,* Vol. 65, No. 2, 304-26.

Im, Hyug Baeg. 2004. "Faltering Democratic Consolidation in South Korea: Democracy at the End of the 'Three Kims' Era." *Democratization* 11, No. 5, 179-198.

Jones, Charles O. 1997. "The American Presidency: A Separatist Perspective." Kurt von Mettenheim, ed. *Presidential Institutions and Democratic Politics: Comparing Regional and National Contexts,* Baltimore and London: The Johns Hopkins University Press. 161-180.

Kang, David C. 2003. "Regional Politics and Democratic Consolidation in Korea." In Samuel. S. Kim, ed. *Korea's Democratization.* Cambridge: Cambridge University Press, 161-180.

Katz, Richard S. 2001. "The Problem of Candidate Selection and Models of Party Democracy." *Party Politics,* Vol. 7, No. 3, 277-296.

Kil, Soong Hoom. 2001. "Development of Korean Politics? A Historical Profile." In Soong Hoom Kil and Chung-in Moon, eds. *Understanding Korean Politics,* Albany, NY: State University of New York.

Kim, Jaechun. 2004. "Comparing the Power of Korean and American Presidents: An Institutional Perspective." *Pacific Focus,* Vol. 19, No. 1 (Spring), 107-136.

Lienert, Ian. 2010. "Role of the Legislature in Budget Process." IMF Technical Notes and Manuals.

Lijphart, A. 1984. *Democracies: Patterns of Majoritarian and Consensus Government in Twenty-One Countries,* New Haven, CT: Yale University Press.

Linz, Juan and Alfred Stepan. 1996. "Toward Consolidated Democracies." *Journal of Democracy,* Vol. 7, No. 2, b14-33.

_____. 1996. "Toward Consolidated Democracies." *Journal of Democracy* 7, No. 2, 14-33.

Linz, Juan J., and Arturo Valenzuela, eds. 1994. *The Failure of Presidential Democracy: Comparative Perspectives,* Vol. I. Baltimore: The Johns Hopkins University Press.

Linz, Juan. 1990a. "Transitions to Democracy." *Washington Quarterly,* Vol. 13, 143-162.

_____. 1990b. "The Perils of Presidentialism." *Journal of Democracy,* Vol. 1, No. 1, 51-69.

_____. 1994. "Presidential or Parliamentary Democracy: Does it Make a Difference?" Juan J. Linz and Arturo Valenzuela, eds. *The Failure of Presidential Democracy.* Baltimore: Johns Hopkins University Press.

Mainwaring, Scott, and Matthew S. Shugart. 1997. "Juan Linz, Presidentialism and Democracy." *Comparative Politics,* Vol. 29, No. 4, 449-471.

Mainwaring, Scott. 1993. "Presidentialism, Multipartism, and Democracy: The Difficult Combination." *Comparative Political Studies*, Vol. 26, No. 2, 198-228.

Marsteintredet, Leiv, and Einar Berntzen. 2008. "Reducing the Perils of Presidentialism in Latin America through Presidential Interruptions." *Comparative Politics,* Vol. 41, No. 1, 83-101.

Mayer, Kenneth R., and David T. Cannon. 1999. *The Dysfunctional Congress: The Individual Roots of an Institutional Dilemma.* Colorado: Westview Press.

Mayhew, David R. 1991. *Divided We Govern.* New Haven: Yale University

Mezey, Michael. 1990. "Classifying Legislatures." Philip Norton, ed. *Legislatures.* Oxford: Oxford University Press, 129-148.

Milkis, Sidney, and Michael Nelson. 2003. *The American Presidency: Origins and Development 1776-2002.* chapter 1 "The Constitutional Convention." chapter 2 "Creating Presidency." Washington, D.C.: Congressional Quarterly Press.

Negretto, Gabriel L. 2006. "Minority Presidents and Democratic Performance in Latin America." *Latin American Politics and Society,* Vol. 48, No. 3, 63-92.

Neustadt, Richard. 1960. *Presidential Power and the Modern Presidents: The Politics of Leadership.* New York: The Free Press.

Norton, Philip, ed. 1990. *Legislatures.* Oxford: Oxford University Press.

O'Donnell, Guillermo. 1998. "Horizontal Accountability in New Democracies." *Journal of Democracy,* Vol. 9, No. 3, 112-126.

_____. 2004. "Human Development, Human Rights, and Democracy." In *The Quality Of Democracy: Theory And Applications.* G. O'Donnell, J. V. Cullel and O. M. Iazzetta, eds. Notre Dame, IN: University of Notre Dame Press.

Panebianco, Angelo. 1988. *Political Parties: Organization and Power.* Cambridge: Cambridge University Press.

Perez-Linan, Anibal. 2005. "Democratization and Constitutional Crises in Presidential Regimes: Toward Congressional Supremacy?" *Comparative Political Studies,* Vol. 38, No. 1, 51-74.

Peterson, Mark. 1990. *Legislating Together: The White House and Capitol Hill from Eisenhower to Reagan.* Cambridge: Harvard University Press.

Polsby, Nelson. 1968. "The Institutionalization of the U.S. House of Representatives." *American Political Science Review,* Vol. 62, No. 1, 144-168.

Polsby, Nelson. 1990. "Legislatures." Philip Norton, ed. 1990, *Legislatures.* Oxford: Oxford University Press.

Rahat, Gideon, and Rueven Y. Hazan. 2001. "Candidate Selection Methods: an Analytical Framework." *Party Politics*, Vol. 7, No. 3, 297-322.

Rice, Stuart A. 1925. "The Behavior of Legislative Groups: A Method of Measurement." *Political Science Quarterly*, Vol. 40, No. 1, 60-72.

Rigss, Fred. 1988. "The Survival of Presidentialism in America: Para-constitutional Practices." *International Political Science Review,* Vol. 9. No. 4, 247-278.

Roberts, Andrew. 2010. *The Quality of Democracy in Eastern Europe.* Cambridge: Cambridge University Press.

Schedler, Andreas. 1998. "What is Democratic Consolidation?" *Journal of Democracy*, Vol. 9, No. 2, 91-107.

Schultz, David. 2004. "Laboratories of Democracy: Campaign Finance Reform in the States." *Public Integrity* 6, No. 2, 115-31.

Shugart, Matthew Soberg, and John M. Carey. 1992. *Presidents and Assemblies: Constitutional Design and Electoral Dynamics.* Cambridge: Cambridge University Press.

Valenzuela, Arturo. 1993. "Latin America: Presidentialism in Crisis." *Journal of Democracy,* Vol. 4, 3-16.

_____. 2004. "Latin American Presidencies Interrupted." *Journal of Democracy,* Vol. 15, No. 4, 5-19.

Valenzuela, J. Samuel. 1992. "Democratic Consolidation in Post-Transitional Setting: Notion, Process, and Facilitating Conditions." Scott Mainwaring, Guillermo O'Donnell and J. Samuel Valenzuela, eds. *Issues in Democratic Consolidation: The New South American Democracies in Comparative Perspective.* NotreDame: NotreDame University Press.

van Biezen, Ingrid. 2000. "On the Internal Balance of Party Power." *Party Politics,* Vol. 6, No.4, 395-417.

www.worldvaluessurvey.org(검색일: 2011. 5. 24).

색인

| ㄱ |

필자 소개 (가나다 순)

❖ **박경미**(朴京美, Kyungmee Park)

- 현 | 서강대학교 현대정치연구소 전임연구원
- 최종학력 | 이화여자대학교 정치학 박사
- 주요논문
  "정치개혁의 목적과 선거제도의 정치적 결과: 뉴질랜드, 이탈리아, 일본의 혼합선거제 도입." 『동서연구』 제23권 1호. 2011.
  "제1공화국의 정당 교체: 자유당과 민주당 형성." 『한국정당학회보』 제9권 1호. 2010.
  "Party Mergers and Splits in New Democracies: The Case of South Korea (1987-2007)." *Government and Opposition*, vol. 45, no.4. 2010.

❖ **손병권**(孫秉權, Byoung Kwon Sohn)

- 현 | 중앙대학교 정치국제학과 교수
- 최종학력 | 미시간대학교(University of Michigan) 정치학 박사
- 주요논문
  "국회 인사청문회의 정치적 의미, 기능 및 문제점." 『의정연구』 제16권 1호, 2010.
  "대통령 선거의 정당후보 선발제도." 『한국정당학회보』 제8권 1호. 2009.
  "18대 총선과 서울: 폭풍속의 민주당 생존자." 『현대정치연구』 제1권 제2호. 2008.

❖ **임성학**(林成學, Sunghack Lim)

- 현 ｜ 서울시립대학교 국제관계학과 교수
- 최종학력 ｜ 펜실베이니아주립대학(Pennsylvania State Univ.) 정치학 박사
- 주요논문
"The Role of Political Asset Specificities on the Evolution of Political Institutions in Korea."『국제관계연구』제16권 1호. 2011.
"한국의 선거와 이념: 정치사회와 유권자의 상호관계."『오토피아』제24권 2호. 2009.
"참여민주주의와 정당체제."『한국과 국제정치』제25권 1호. 2009.

❖ **전진영**(田眞英, Jin Young Jeon)

- 현 ｜ 국회입법조사처 입법조사연구관
- 최종학력 ｜ 서울대학교 정치학 박사
- 주요논문
"국회 입법교착의 양상과 원인에 대한 분석."『의정연구』제17권 제2호. 2011.
"국회의장 직권상정 권한의 운영현황과 정치적 함의."『한국정치연구』제20집 제2호. 2011.
"제18대 국회 원내정당의 정당응집성 분석."『한국정당학회보』제9권 제2호. 2010.